# L'ART D'ÉCRIRE

PIERRE TISSEYRE

# L'ART D'ÉCRIRE

ÉDITIONS PIERRE TISSEYRE
5757, rue Cypihot, Saint-Laurent H4S 1X4

Dépôt légal: 2$^e$ trimestre 1993
Bibliothèque nationale du Canada
Bibliothèque nationale du Québec


**Données de catalogage avant publication (Canada)**

Tisseyre, Pierre 1909

L'Art d'écrire

ISBN 2-89051-511-7

1. Art d'écrire. I. Titre.

PN145.T57 1993  808'.02  C93-96075-0

Couverture:
Mireille de Palma

Copyright © Ottawa, Canada, 1993
Éditions Pierre Tisseyre
ISBN-2-89051-511-7
234567890 IG 9876543
10711

# INTRODUCTION

De tous les arts, celui qui fait le plus appel à la technique, c'est l'art d'écrire. Un apprenti compositeur peut suivre des cours pendant des années, mais s'il n'a pas, inné, le talent créateur indispensable, il composera du bruit, non de la musique. Un apprenti peintre sans talent inné ne sera jamais un grand peintre et les meilleurs professeurs n'y pourront rien.

Mais lorsqu'il s'agit d'écrire, Boileau disait déjà, il y a trois siècles:

> *Vingt fois sur le métier remettez votre ouvrage:*
> *Polissez-le sans cesse et le repolissez.*
> (*Art poétique*, Chant I, v. 172-173)

Ce conseil qui met en lumière le côté artisanal de l'art d'écrire est tout aussi valable aujourd'hui où les ordinateurs ont remplacé la plume d'oie trempée dans un encrier.

Aux États-Unis, l'importance du travail s'exprime de la façon suivante: écrire, c'est «10% d'inspiration et 90% de transpiration», ce qui peut s'interpréter de diverses façons mais qui, pour moi, veut dire «10% de talent peuvent suffire si vous y ajoutez 90% de travail».

J'en ai eu la confirmation il y a déjà très longtemps, en 1939. À cette époque, j'habitais New York et j'avais fait la connaissance d'un écrivain américain célèbre qui gagnait beaucoup d'argent en écrivant des nouvelles et des romans que lui achetait principalement le magazine *Colliers*, publié sur papier glacé et qui vendait trois ou quatre millions d'exemplaires par semaine. C'était le concurrent direct du *Saturday Evening Post* et ces deux magazines s'arrachaient à coups de dollars les meilleurs auteurs. Mon ami Roy, c'est ainsi que nous l'appelions, bien qu'il signât ses nouvelles et ses romans «Octavus Roy Cohen», habitait un superbe appartement sur Park Avenue et tenait table ouverte chaque dimanche pour recevoir de grands joueurs de ping-pong. Médiocre joueur lui-même, mais féru de ce sport, il attirait chez lui les plus grands champions qui disputaient entre eux des matchs fabuleux.

Il avait un fils unique, Roy Junior, qui s'était mis dans la tête de devenir écrivain comme son père. Discret sur ses études qui ne semblaient pas l'occuper beaucoup, sa conversation était sans intérêt et je n'ai pas souvenir qu'il ait jamais exprimé devant moi une opinion quelconque dans le domaine de la politique ou des arts. Pour tout dire, il était plutôt insignifiant et son désir de devenir écrivain nous paraissait totalement irréaliste.

Pourtant, son père le prit au sérieux. Il lui loua un petit appartement, lui acheta une machine à écrire, lui fournit quelques dictionnaires et, tous les matins, il lui rendait visite pour prendre connaissance du travail de la veille. Chaque matin, il proposait un sujet de nouvelle que son fils devait traiter en 1500 mots et en 24 heures.

Roy Junior, chaque matin, remettait sa copie à son père qui en prenait connaissance, faisait, j'imagine, les remarques appropriées, puis déchirait les feuillets et les jetait au panier. Avant de partir, il lui donnait un nouveau sujet à traiter pour le lendemain.

Roy déchira ainsi 184 nouvelles, mais il envoya la 185$^e$ à un magazine qui l'acheta. Il ne s'agissait pas de *Colliers*, mais de l'un des innombrables «pulp», ainsi appelés parce qu'ils étaient publiés sur papier journal. Ils s'adressaient à un public beaucoup moins sophistiqué que celui de *Colliers*. Ils ont d'ailleurs tous disparu aujourd'hui, la télévision offrant à ce public ce qu'il désire sans qu'il fasse l'effort d'acheter un magazine.

Roy Junior, lorsque je quittai New York pour rentrer en France, avait déjà vendu trois nouvelles et son père ne venait plus tous les matins lui donner un sujet à traiter. Il était devenu un écrivain qui pouvait espérer vivre de sa plume.

Son père lui avait appris à écrire et, pour que cet apprentissage ait donné des résultats, il paraît évident que la technique, le métier ont joué un rôle essentiel dans cet apprentissage car, si le fils avait eu cette qualité innée qu'on appelle le talent, il n'aurait certainement pas fallu 184 essais avant d'arriver à une réussite.

Le père ne nous donnait pas de détails sur le travail de son fils, ni sur les conseils ou les remarques qu'il lui faisait, mais je me souviens qu'une fois, alors qu'il mentionnait qu'il déchirait et jetait au panier les feuilles de son fils, je lui avais demandé pourquoi il ne les lui faisait pas retravailler. Il m'avait répondu: «Ce n'est pas encore assez bon pour mériter d'être retravaillé.» Malgré le mot «encore», ce fut pour nous la confirmation que son fils n'avait aucun talent.

Et pourtant, après 184 jours de travail, Roy Junior avait réussi à écrire une nouvelle publiable. Donc, 184 cours particuliers avaient suffi à l'excellent professeur que devait être mon ami Roy pour faire de son fils un artisan valable.

Nous sommes loin évidemment de Stendhal qui écrit *La chartreuse de Parme* en 56 jours, de Simenon qui pond un Maigret en 3 jours et même d'une Françoise Sagan qui n'avait pas 18 ans lorsqu'elle envoya le manuscrit de *Bonjour tristesse* à l'éditeur Julliard. Dans leur cas, on peut dire que la proportion est sans doute renversée et qu'il s'agit de 90% d'inspiration et de 10% de transpiration.

Cela ne fait que souligner l'extraordinaire diversité dans la façon dont chaque écrivain aborde ou maîtrise l'art d'écrire.

Marcel Proust, par exemple, récrit littéralement sa *Recherche du temps perdu* sur des épreuves d'imprimerie et les manuscrits de nombreux auteurs sont pratiquement illisibles tant ils sont surchargés de corrections, alors que Gide ou Marcel Aymé ont des manuscrits presque sans ratures.

Cette même diversité apparaît dans la conception d'un sujet de roman. Certains auteurs ne commencent à rédiger que lorsque le plan et les personnages sont clairement fixés. D'autres imaginent des personnages qui leur échappent et font évoluer leur roman d'une façon qui n'est pas prévue et qui peut même s'écarter complètement de la conception originale. D'autres encore, comme Marcel Aymé, ne savent pas où ils vont lorsqu'ils tracent sur le papier une première phrase. Il m'a dit textuellement: «J'écris une première phrase et le reste en découle.»

On retrouve cette diversité dans la façon de travailler des écrivains. Certains écrivent par à-coups. Lorsque l'inspiration est là, ils travaillent dans la fièvre pendant un nombre incroyable d'heures, sautant des repas, passant des nuits entières sans interruption puis, la crise passée, ils demeurent des jours, des semaines ou même des mois sans rien écrire. D'autres, au contraire, se fixent un nombre de mots chaque jour, 1000 ou 1500 généralement, et mettent le temps qu'il faut pour les écrire. D'autres enfin s'installent à leur table de travail à heures fixes, comme on va au bureau. C'était le cas de Marcel Aymé à qui j'ai demandé: «Que fais-tu si l'inspiration ne vient pas?» et qui m'a répondu avec un sourire: «Elle vient toujours.»

Cette diversité ne rend pas la tâche facile à celui qui s'imagine, à tort ou à raison, que sa destinée est d'être un écrivain, car il ne sait pas comment s'y prendre pour commencer à écrire.

De plus, et ce n'est pas le moindre obstacle, alors que certains, avides de conseils, sont prêts à les suivre tous, les bons comme les mauvais, d'autres sont incapables d'en accepter. Que pourrait faire un professeur devant un Cyrano de Bergerac à qui Rostand prête cette réplique en réponse à: «Il est des plus experts. Il vous corrigera seulement quelques vers.»

*Impossible, Monsieur, mon sang se coagule*
*En pensant qu'on y peut changer une virgule.*

Ayant été éditeur pendant près d'un demi-siècle, ayant lu des milliers de manuscrits et conseillé des centaines d'auteurs, il m'apparaît, au soir de ma vie, que je peux être utile à des débutants en écrivant ce livre qui ne leur donnera pas du talent puisque c'est inné, mais les aidera peut-être à éviter des pièges et à résoudre des problèmes qui se présentent inévitablement à tous ceux qui souhaitent maîtriser l'art d'écrire.

# 1

# LA PRÉPARATION

Quel que soit le sujet que l'on désire traiter, l'histoire que l'on veut raconter, la pensée que l'on souhaite exposer, lorsque le moment vient de rédiger un texte, la connaissance des règles de la grammaire et de la syntaxe ne suffit pas. Un vocabulaire étendu aide mais ne suffit pas non plus. Les membres de la génération que des professeurs ont détourné de la langue écrite pour ne s'occuper que de la façon de s'exprimer sont évidemment désemparés devant une page blanche car, s'ils transcrivent simplement les mots de la langue parlée, même en supprimant les «ah», les «oh» et les hésitations inévitables, ce qu'ils écriront sera, au mieux, pitoyable et plus probablement illisible.

Il ne sert à rien de trouver regrettable que la langue parlée et la langue écrite soient différentes. C'est un fait qui entraîne une conséquence incontournable: pour arriver à l'écriture, il faut passer par la lecture.

Lorsque, il y a près d'un demi-siècle, j'ai commencé à lire des manuscrits au Québec, j'ai été frappé de découvrir que ces garçons et ces filles qui voulaient écrire n'avaient aucune culture livresque. Soit qu'ils aient été issus d'un milieu ouvrier ou agricole, où lire c'était perdre son temps, et qu'ils aient été obligés de se cacher pour se plonger dans un livre, soit que bourgeois, élevés par des prêtres, ils aient été détournés de la lecture pour des raisons morales ou religieuses.

À la fin de la Première Guerre mondiale, lorsque la vie redevint normale avec le retour de mon père, j'avais 10 ans. J'ai commencé à lire tout ce qui me tombait sous la main et, dans les six années qui suivirent, j'ai lu plus de 200 livres par an. En plus des Jules Verne, des Paul d'Ivoi et des Louis Boussenard qui écrivaient pour la jeunesse, j'ai lu les livres d'auteurs qui figuraient dans les bibliothèques de mes grands-parents et de mes parents: les ouvrages d'Alexandre Dumas, Balzac, Daudet, Flaubert, Stendhal, Anatole France, Hugo, Zola, Maupassant avaient été rejoints au fil des ans par ceux de nouveaux auteurs qui devinrent célèbres avant ou peu après la Première Guerre mondiale, tels que Gide, Martin du Gard, Mauriac, Maurois, Bernanos, Montherlant et beaucoup d'autres. Le peu d'argent dont je disposais, car à cette époque on ne donnait pas d'argent de poche aux enfants, ni même aux adolescents, servait à acheter des livres d'occasion. J'avais trouvé une source de revenus en faisant des courses pour ma mère. Je faisais à toute allure le tour du marché, repérais les différences de prix, achetais le meilleur marché et comptais à ma mère le prix moyen. Elle ne s'occupait pas de pareils détails, allait chez les fournisseurs qui lui plaisaient et payait le prix demandé. Mon prix moyen était presque toujours inférieur à celui qu'elle payait sans discussion. Nous étions donc très contents l'un de l'autre. Mais les quelques sous ainsi gagnés ne représentaient pas un pactole et je lisais plus vite que ma poche se remplissait.

J'avais donc trouvé une autre source de financement mais elle ne dura pas longtemps. Mon père faisait venir son vin de vignerons bourguignons qui le vendaient en tonneaux qu'on appelait des feuillettes et qui contenaient plus de 100 litres. Mon père mettait son vin en bouteilles et gardait d'une année à l'autre les bouteilles vides pour les remplir à l'arrivée des feuillettes annuelles. Je découvris un jour que la vente de trois ou quatre bouteilles vides me permettait d'acheter un livre chez le brocanteur le plus proche. Quelle ne fut pas la surprise de mon père, l'automne suivant, de découvrir que les 500 bouteilles vides qu'il remplissait chaque année avaient disparu. Je confessai ma faute, montrai les cent et quelques livres que j'avais achetés, fus pardonné, mais je dus promettre de ne pas recommencer.

La première règle à suivre si l'on veut écrire est donc de lire le plus possible et, par là, j'entends lire des livres et non des journaux ou des revues. Prendre l'habitude de lire quelques pages avant de dormir est un excellent moyen pour accumuler, au fil des ans, un bagage de culture livresque et, accessoirement, pour s'endormir facilement. Lorsque le livre ainsi abordé est passionnant, il arrivera évidemment qu'on lise trop tard dans la nuit et que, le lendemain, on soit fatigué. C'est un risque que j'ai pris maintes fois avec une lampe de poche sous mes couvertures pour ne pas alerter mon père ni ma mère, et la première nuit blanche de ma vie je la dois à Jules Verne. J'avais entamé *Mathias Sandorf* à l'âge de 11 ou 12 ans et, ne pouvant me résigner à lâcher cette histoire passionnante, je tournai la dernière page et arrivai au mot «fin» une dizaine de minutes avant l'heure de me lever pour aller en classe.

Lire des livres, d'accord, direz-vous, mais quels livres? Les bons, bien entendu, mais, si vous n'avez pas de grands auteurs sous la main, il n'y a pas de mal à lire à peu près n'importe quoi pourvu que ce soit intéressant et non pas un pensum, et pourvu que vous n'oubliez pas le conseil de Léon Daudet: lire une première fois pour le plaisir et une deuxième pour voir comment c'est fait.

Cet écrivain, bien oublié aujourd'hui, était un personnage considérable dans les années vingt et trente. Fils d'Alphonse Daudet, l'auteur des *Lettres de mon moulin*, pamphlétaire et militant royaliste, il brocardait ses adversaires en les affublant de sobriquets caricaturaux tels que, Voyou de passage, Don Juan de lavabo ou Sot en hauteur. C'est lui qui m'a donné ce conseil de lire un livre qu'on a aimé une deuxième fois pour comprendre comment il est fait. C'était chez l'historien Jacques Bainville. La femme de ce dernier, qui menait tambour battant la campagne de son mari candidat à l'Académie française, recevait tous les samedis après-midi un nombre respectable d'académiciens éblouis par l'essaim de jolies adolescentes qui aidaient les filles de la maison — en fait des nièces de Jacques Bainville — à servir le thé. Pour recruter les plus jolies que la fréquentation de vieux messieurs, même académiciens, ne fascinait pas, on invitait aussi leur cavalier (c'est ainsi qu'à cette époque on appelait les *boy friends* qui d'ailleurs ne jouissaient pas des nombreux privilèges qui leur sont accordés aujourd'hui). C'est à ce titre que je me trouvais parmi ceux qui faisaient cercle autour de Léon Daudet pour glaner des conseils dont il n'était pas avare. Il décortiquait un livre qui venait de paraître avec un brio étincelant. C'est lui qui sut le premier reconnaître la valeur extraordinaire du *Voyage au bout de la nuit*, de Louis-Ferdinand Céline. Son imagination sans limites l'amenait parfois à écrire des romans fantastiques, que nous appellerions aujourd'hui de la science-fiction, dans lesquels il décrivait, par exemple, un appareil qui aurait permis aux aveugles de voir ou envisageait la possibilité que les idées aient une vie propre et qu'elles soient captées par certains individus, ce qui expliquerait que des inventions ou découvertes se produisent presque au même moment à divers points du globe.

Lucien Daudet, le frère de Léon, était un ami de Marcel Proust et partageait ses goûts secrets. Sachant par son frère que Proust avait des ennuis d'argent, Léon Daudet parvint à lui faire donner le prix

Goncourt en tordant le bras de ses confrères de l'Académie Goncourt. À cette époque, en effet, Proust n'était pas pris au sérieux et ses longues phrases décourageaient les lecteurs. Marcel Proust était mort lorsque je rencontrai Léon Daudet, mais c'est lui qui me l'avait fait découvrir par ses articles. Je fus à ce point captivé par *À la recherche du temps perdu* que j'en savais des pages entières par cœur et que j'ai lu, à haute voix, les 16 volumes de cette œuvre extraordinaire à ma mère et à mes sœurs durant un été pluvieux en Bretagne, au bord de la mer. Contrairement à ce qu'on peut imaginer en considérant ses phrases interminables, ce texte se prête admirablement à la lecture à haute voix, à la condition d'avoir du souffle.

Pour ceux qui fréquentent les bibliothèques, ou qui ont les moyens d'acheter de nombreux livres de poche, j'ajouterai que, lorsqu'un livre vous a particulièrement intéressé ou touché, une excellente méthode consiste à lire tous les ouvrages du même auteur. Se plonger ainsi dans l'univers d'un écrivain a des retombées dans la conscience et même dans l'inconscient. Des constatations ou des remarques qu'on ne formulerait pas après la lecture d'un ouvrage s'imposent à vous au deuxième, au troisième ou au quatrième et l'on comprend de mieux en mieux comment ils ont été faits.

En captivité, pendant la Seconde Guerre mondiale, où s'occuper était la tâche principale pour ne pas sombrer dans la déprime et où, les deux dernières années, nous disposions d'une énorme bibliothèque — chacun des 2000 officiers du camp y remettant les livres que contenaient ses colis après les avoir lus —, je me suis attaqué ainsi à plusieurs auteurs. Je me souviens, par exemple, que voulant comprendre comment Simenon s'y prenait pour créer l'atmosphère de ses romans, j'ai emprunté tous ceux que la bibliothèque possédait, c'est-à-dire 52, que j'ai lus l'un après l'autre. J'ai relu ainsi tout Proust qui n'avait pas pris une ride, Martin du Gard qui avait vieilli, tout André Gide et, en constatant qu'un livre culte de cet auteur comme *Les nourritures terrestres* qui m'avait fasciné à 17 ans me laissait indifférent 16 ans plus tard, j'acquis la conviction, qui s'est vérifiée depuis, que cet écrivain qui avait exercé une immense influence sur toute une génération cesserait d'être lu et tomberait dans le purgatoire qui guette tous les écrivains et dont il ne sortirait peut-être même pas, comme Anatole France que plus personne ne lit, alors que, de son vivant, son prestige correspondait au nombre immense de ses lecteurs fidèles. Son enterrement attira d'ailleurs des milliers de badauds et fut comparé à celui de Victor Hugo.

Le problème du purgatoire qui guette tous les écrivains après leur mort me rappelle un souvenir. En 1967, nous étions à Paris pour participer à une manifestation et, au cours d'un dîner à l'hôtel Lutetia qui réunissait la délégation québécoise, la conversation porta sur Marcel Aymé qui venait de mourir. Comment en sommes-nous venus aussi à parler de Giraudoux, je l'ai oublié, mais je fus amené à déclarer que j'avais la conviction que, si le purgatoire attendait Marcel Aymé, il serait de courte durée, alors que celui dans lequel se trouvait déjà Giraudoux durerait beaucoup plus longtemps. Mon interlocuteur, n'étant pas d'accord, mit soudain un billet de 100 francs sur la table et déclara: «Je vous parie ces 100 francs que, dans dix ans, on lira Giraudoux beaucoup plus que Marcel Aymé.» Je relevai le défi mais ne fus pas d'accord pour immobiliser ainsi 100 francs pendant dix ans. Jacques Hébert sortit alors un billet de son portefeuille et le posa sur la table à côté de l'autre. Guy Frégault qui, en sa qualité de sous-ministre des Affaires culturelles du Québec, présidait la délégation ramassa les 200 francs et les mit dans sa poche. Dix ans plus tard, j'aurais pu réclamer cette somme mais, entre-temps, Guy Frégault était mort.

Cette boulimie de lecture que je partageais avec un grand nombre de garçons et de filles de ma génération était totalement inconnue au Québec où les bibliothèques publiques étaient rares — elles le sont moins qu'autrefois mais elles sont encore très loin d'atteindre un niveau raisonnable — et où les livres à l'index étaient hors de portée de la plupart des adolescents. L'inculture livresque des jeunes auteurs qui se succédaient dans mon bureau au début des années cinquante me faisait dire qu'il faudrait attendre vingt-cinq ans pour qu'un Québécois répète l'exploit de Gabrielle Roy qui, en 1947, avait obtenu le prix Fémina avec *Bonheur d'occasion.* Je ne me suis pas trompé de beaucoup puisque Antonine Maillet a gagné le prix Goncourt en 1979 avec *Pélagie La Charette,* l'ayant raté d'un cheveu deux ans plus tôt avec *Les cordes de bois.*

Presque tous les manuscrits que je recevais avaient
en commun une sensibilité aiguisée, une intelligence
évidente ainsi qu'une imagination et une clarté d'observation d'excellente qualité, mais ils étaient mal écrits.
On butait par exemple sur des mots dont leurs auteurs
avaient trouvé le sens dans des dictionnaires, et qui
n'était pas celui qui vient naturellement à l'esprit. Ils
me faisaient penser à cette jeune Américaine qui quali-
fiait d'«ignominieux» des gens charmants parce qu'elle
confondait «igno» et «mignon» et que, par conséquent,
ces gens «ignominieux» étaient, pour elle, «mignon-
minieux». En fait, durant ces années cinquante, je n'ai
rencontré que trois auteurs dont la culture livresque
ait été remarquable: François Hertel, Claire Martin et
surtout Hubert Aquin.

Ma première rencontre avec Hubert Aquin eut
lieu dans mon bureau. Il avait déposé quelques jours
plus tôt un manuscrit que j'avais lu et je l'avais convoqué pour lui en parler. Il traitait de la jalousie sous un
angle inhabituel, car c'était l'amant qui était jaloux du
mari. La femme, ni jeune, ni belle, était soumise à un
interrogatoire incessant qui la déchirait, mais elle ne se
dérobait pas et répondait aux questions avec sincérité.
L'amant n'était jamais satisfait, il lui fallait toujours plus
de précisions, plus de détails, comme s'il voulait se
représenter exactement ce qui se passait entre ce mari
qui ne faisait pas l'amour mécaniquement et qui ne
manquait ni d'appétit ni d'imagination, et sa femme,
amoureuse de son amant, mais qui ne repoussait pas
son mari.

C'était remarquable mais, à cette époque, impubliable. Aquin le savait d'ailleurs et ne m'avait fait lire son manuscrit que pour savoir ce que j'en pensais. Je lui dis que c'était une étude admirable de la jalousie qui soutenait la comparaison avec celle de Marcel Proust, mais que les termes gynécologiques et les descriptions feraient qualifier son livre d'obscène et de pornographique.

Lorsqu'il m'apporta *Prochain épisode*, quelques années plus tard, je lui ai demandé ce qu'il avait fait de son manuscrit; il me dit qu'il l'avait jeté au feu. Est-ce celui que sa veuve a retrouvé et qui serait bientôt publié? Je l'espère, car l'impression qu'il m'a faite il y a 30 ans est aussi vive aujourd'hui que si je l'avais lu il y a quelques mois.

On m'a souvent demandé de dresser une liste des livres qu'un écrivain devrait avoir lus pour se préparer à écrire. Je m'y suis toujours refusé, car une telle liste refléterait forcément les goûts de celui qui la compilerait et ne pourrait pas être objective. De plus, une liste exhaustive serait tellement considérable qu'elle découragerait les plus entreprenants. Il faudrait plusieurs vies pour lire tout ce qui a été publié et mérite d'être lu. J'ai cependant souvent mentionné des livres que j'ai aimés et auxquels on ne penserait probablement pas, comme *Le livre de San Michele*, d'Axel Munthe, ou *Les scènes de la vie de bohème*, de Henri Murger. Et lorsqu'on me demandait quels auteurs contemporains il fallait absolument connaître, j'ai toujours nommé James Joyce, Marcel Proust et Louis-Ferdinand Céline.

Il me semble en effet qu'après les avoir lus on ne pourra plus jamais écrire comme on l'aurait fait auparavant.

James Joyce, c'est le discours intérieur. Ce n'est pas lui qui l'a inventé, mais un auteur obscur du nom de Dujardin. C'est Joyce toutefois qui l'a imposé et lui a donné ses lettres de noblesse. *Ulysse* est un livre qui vous marque et que l'on n'oublie pas.

Marcel Proust, c'est un univers qui se révèle à nous. Le mécanisme du rappel des souvenirs, les intermittences du cœur, la jalousie sont des domaines qui prennent une dimension nouvelle quand on est un familier de *À la recherche du temps perdu.*

Quant à Céline qui a cassé la phrase écrite et lui a substitué la phrase parlée stylisée, il nous a ouvert des perspectives qui nous font, elles aussi, écrire différemment.

Il y a des livres qu'on oublie immédiatement après les avoir lus, même si on a pris plaisir à les parcourir ou à les dévorer, et d'autres qui vous habitent longtemps ou qui ne vous quittent plus. Dans certains milieux intellectuels, il est de bon ton de mépriser les gens qui lisent des romans policiers ou de science-fiction. Si un jeune écrivain ne lit que cela, sa culture livresque ne sera guère enrichie, mais s'il les lit pour se détendre, sans pour cela renoncer à consacrer du temps à d'autres ouvrages plus ambitieux, il pourra apprendre à bien construire de tels romans et il exercera son imagination.

Une autre question qui m'a souvent été posée par de futurs écrivains est: «Faut-il tenir un journal?» J'ai toujours répondu oui, mais en précisant qu'il y avait une condition et un danger. La condition, c'est qu'il faut de la persévérance et de la rigueur. Pour qu'un journal soit vraiment utile, il faut une discipline sans défaillance. En tenir un, en y consacrant une heure de temps en temps, ne sert pas à grand-chose. Pour que l'exercice prépare à la rédaction du livre que l'on veut écrire, il faut établir des règles et s'y tenir. Par exemple, écrire tous les jours pendant un temps déterminé ou confier à son journal certains types d'événements qui sont transcrits à chaud aussitôt qu'ils se sont produits.

Le danger, c'est que l'on arrive à consacrer à ce journal une telle partie de son temps disponible qu'il deviendra physiquement impossible d'écrire autre chose. Au Québec, nous avons l'exemple de Jean-Pierre Guay qui a relaté tout ce qui lui arrivait sans rien excepter, sauf la partie affective de sa vie, au point de recopier fidèlement les lettres qu'il recevait et, de ce fait, révéler des secrets que ses correspondants auraient gardés pour eux s'ils s'étaient doutés qu'on les retrouverait dans son *Journal.* Par la suite, dans ses deux derniers tomes — il y en a six en tout —

on a l'impression que certains de ses correspondants, sachant que son journal accueillerait leur prose, lui écrivaient pour être en quelque sorte publiés par lui, ce qui enlevait toute spontanéité et même parfois toute sincérité à leurs lettres. Jean-Pierre Guay a investi tant de temps, tant de travail, tant de talent et tant d'espoir dans son *Journal* qu'il n'a rien écrit depuis et que nous avons sans doute perdu l'un des plus doués de nos écrivains.

En France, Claude Mauriac a mis tout son talent, et on pourrait dire toute sa vie, dans son journal qu'il a intitulé *Le temps immobile*, ayant imaginé de classer ce qu'il écrit non pas chronologiquement, mais par sujet. Si, par exemple, il rencontre quelqu'un trois fois en 20 ans, les trois épisodes sont réunis. C'est sa façon à lui de retrouver le temps perdu et cette référence à Marcel Proust se comprend d'autant mieux que sa femme est la petite-fille du frère de Marcel. Sans doute, en se consacrant à son *Journal*, Claude Mauriac est-il sorti de l'ombre que jetait sur lui François Mauriac, son père, dont l'œuvre romanesque s'échappera certainement du purgatoire prochainement, mais il a été dévoré par son journal et ne nous laissera pas les romans qu'il aurait pu écrire.

Cela dit, pour faire un bon portrait de quelqu'un et, par conséquent, apprendre à donner vie à un personnage, tenir un journal est un excellent exercice. On peut en dire autant si on l'utilise pour mettre au point le récit d'une anecdote, ou saisir un dialogue percutant et le fixer. Y inscrire des pensées, des jugements ou même des prédictions peut aussi avoir son utilité. Si, toutefois, on veut en faire le témoin fidèle de sa vie, le risque est grand, en y mettant tout, de n'avoir plus rien à mettre ailleurs.

Lire un grand nombre de livres et tenir un journal sont deux moyens excellents de se préparer à écrire. Il en existe un troisième: traduire.

Michel Tournier qui est, à mon avis, l'un des écrivains français contemporains dont l'œuvre devrait lui survivre, est venu à l'écriture par la traduction. Il a mis son talent naissant au service de plusieurs écrivains allemands et, lorsqu'il a voulu non plus traduire mais écrire, il avait appris à rédiger en cherchant le mot juste français correspondant au terme allemand et en donnant à la lourde phrase germanique, sans la trahir, la clarté et la légèreté de la phrase française.

Un exercice excellent consiste à traduire un texte le plus fidèlement possible et à le comparer ensuite avec celui d'une traduction existante. Cette comparaison vous permet de constater les différences importantes qui existent forcément, car il y a plusieurs façons de dire la même chose. Ensuite, il est probable que la traduction publiée sera supérieure à la vôtre et, en l'examinant, vous comprendrez pourquoi.

La connaissance de la langue de départ et de la langue d'arrivée ne suffit pas pour faire une bonne traduction. Il faut à celui qui veut faire connaître dans une langue ce qui a été écrit dans une autre un véritable talent d'écrivain, sinon la traduction se situera très au-dessous de l'œuvre originale. Lorsque le traducteur a un talent égal ou supérieur à celui de l'auteur, ce dernier peut avoir à l'étranger plus d'importance que chez lui. Ce fut le cas d'Edgar Allan Poe qui fut traduit par Baudelaire et qui, de ce fait, a joui en France d'une réputation très supérieure à celle qu'il a eue, jusqu'à tout récemment, aux États-Unis.

# 2

# LA CONCEPTION

L a décision de devenir un écrivain n'est pas forcément liée à une idée de livre à écrire. Lorsqu'on prend une telle décision à l'âge des emballements juvéniles, ce n'est bien souvent qu'une réaction: émerveillement devant un récit passionnant ou, plus prosaïquement, aspiration ou même dépit. Bien qu'ayant lu avidement des centaines de livres de 10 à 16 ans, je n'avais jamais envisagé de devenir écrivain. Je rêvais plutôt d'aventures en Afrique ou en Asie et puis, un jour, en rhétorique, notre professeur de lettres nous parla de l'allitération. Il cita le vers célèbre de Racine: «Pour qui sont ces serpents qui sifflent sur vos têtes» et, dans la non moins célèbre oraison funèbre de Bossuet: «C'est alors que retentit tout à coup comme un éclat de tonnerre, cette étonnante nouvelle: Madame se meurt, Madame est morte...» Il nous donna ensuite comme sujet de rédaction: «Imaginez que vous étiez présent dans la basilique et que vous avez entendu Bossuet. Vous écrivez à un ami pour lui dire ce que vous avez ressenti, ce que vous pensez de Bossuet et de l'oraison funèbre de Madame.»

Je ne me souviens pas de ce que j'ai pu écrire, mais je vois encore la note manuscrite de mon professeur, à l'encre rouge, en marge de mon texte: «Plat, banal et verbeux, aucun sens littéraire».

Il avait sûrement raison, car c'était un excellent professeur, mais je fus profondément vexé et je décidai, sur-le-champ, que je lui prouverais, en devenant écrivain, combien il avait tort. Je ne sais s'il vivait encore lorsque *55 heures de guerre* reçut à Paris le prix Cazes en 1943, car seize ans s'étaient écoulés depuis, mais si j'avais su comment le joindre quand je suis revenu à Paris en 1945, je lui aurais envoyé mon livre.

On peut se demander d'ailleurs si le fait de penser à un sujet de roman est un motif suffisant pour décider d'écrire, car le sujet en soi n'est pas de première importance. J'ai reçu, au cours de ma carrière d'éditeur, des dizaines de lettres me disant: «Je voudrais raconter telle histoire, seriez-vous intéressé à la publier si je l'écrivais?» Ou, plus mystérieusement: «J'ai une histoire extraordinaire à raconter. Comment puis-je me protéger et éviter qu'on me la vole si je la révèle?»

Je répondais aux premiers que je ne pouvais me prononcer, car c'était la façon dont ils raconteraient leur histoire et non l'histoire elle-même qui servirait de base à ma décision. Aux autres, j'écrivais que les idées ne sont pas protégées par la loi du droit d'auteur et que la seule façon de s'assurer qu'on ne volerait pas leur merveilleux sujet, c'était de rédiger un texte qui, lui, serait protégé.

Ce n'est pas quelque chose d'évident pour quelqu'un qui n'a pas étudié le droit et pourtant, si l'on réfléchit un instant, il est clair que protéger les idées reviendrait à paralyser la création.

Il s'écrit chaque année des centaines de romans exploitant la fameuse formule: *Boy meets girl. Boy loses girl. Boy gets girl.* Si quelqu'un en était propriétaire, on ne pourrait plus s'en servir pour construire un roman d'amour sur cette idée qui est devenue une recette excellente pour imaginer une histoire romanesque.

C'est dans leur propre vie que ceux qui rêvent d'écrire trouvent généralement l'idée de leur premier livre. L'événement le plus banal: tomber amoureux, par exemple, revêt pour celui qui en fait l'expérience un caractère exclusif, nouveau, original, on pourrait presque dire magique. Le communiquer à ses contemporains sous la forme d'un roman ne peut donc, pensent-ils, manquer de les fasciner. De plus, il est beaucoup plus facile de raconter quelque chose qui vous est arrivé qu'une aventure vécue par quelqu'un d'autre, car il vous faudra alors imaginer toute une foule de détails dont il suffit de vous souvenir dans le premier cas.

C'est ici cependant qu'une remarque faite par Marcel Proust prend toute son importance. Il affirme en effet que l'écrivain qui imagine se situe à un niveau plus élevé que lorsqu'il se souvient. Sa démonstration est si convaincante que, pour ma part, je suis persuadé qu'il a raison. Il ne faut donc pas se fier uniquement à ses souvenirs si l'on veut se situer au niveau le plus haut possible.

De plus, la vérité littéraire n'a que peu à voir avec la vérité tout court, car ce n'est pas le fait que l'on raconte, pour authentique qu'il soit, qui convainc le lecteur, mais l'impression qu'il va en garder en continuant sa lecture. Le talent de l'écrivain consiste donc très souvent à substituer à un fait vrai, qui n'impressionnerait guère le lecteur, un fait imaginaire qui, lui, le convaincra.

Cette recherche de l'impression qu'il faut laisser peut mener à des absurdités. Il suffit de penser à la pièce d'Edmond Rostand et à cet échange entre Christian et Cyrano: «Je suis sot à me tuer de honte.» «Mais non tu ne l'es pas puisque tu t'en rends compte!» La réponse de Cyrano donne une impression de vérité car on sent qu'il veut dire: «Tu n'es pas complètement idiot puisque tu as l'intelligence de te rendre compte de ta déficience.» Mais ce n'est pas cela que Cyrano dit et: «Non tu n'es pas bête, puisque tu te rends compte que tu es idiot» est évidemment absurde.

Dans ce domaine de la réplique absurde, il y a cette anecdote, apocryphe peut-être: un mélodrame se termine sur une scène où l'amant, surpris par le retour du mari alors qu'il se trouve dans la chambre de sa femme, tue cette dernière pour «sauver son honneur», puis laisse entrer le mari et lui dit: «Elle me résistait, je l'ai assassinée!» On raconte qu'un soir l'amant, après avoir ouvert la porte au mari, resta muet ayant oublié sa réplique. Alors la comédienne qui avait parfaitement joué la scène de sa mort, comprenant que son partenaire avait un blanc, se redressa sur un coude et dit à son mari: «Je lui résistais, il m'a assassinée!» Or personne n'éclata de rire en voyant cette morte parler et le rideau tomba sous un tonnerre d'applaudissements.

La plupart des premiers romans sont autobiographiques. C'est normal et ils peuvent acquérir ce caractère exclusif, original, nouveau et même magique, si l'auteur a su, autour de faits vrais, imaginer un cadre et des détails qui, pour paraître vrais et authentiques, devront souvent s'écarter de la réalité.

Je me suis heurté à ce problème en rédigeant *55 heures de guerre.* Je commandais à une trentaine d'hommes et tous ou presque tous ont joué un rôle durant ces trois jours que nous avons vécus encerclés dans un gros village du nom de Formerie. Dans une première rédaction, j'avais scrupuleusement attribué à chacun d'eux les faits le concernant, mais je me suis aperçu que le lecteur se perdrait dans cette foule de noms et qu'aucun de mes hommes ne prendrait un relief suffisant pour devenir un personnage. J'ai compris qu'il fallait simplifier, non pas en supprimant des faits réels, mais en attribuant à quelques-uns ce qui avait été accompli en réalité par un grand nombre. Je peux donc dire que tout est vrai dans mon récit, alors que l'on pourrait soutenir que mes personnages sont partiellement inventés.

De la même façon, dans le roman d'amour *Tu m'aimeras deux fois* que j'ai publié sous le pseudonyme de Francharme — nom fabriqué avec les prénoms de trois de mes enfants: François, Charles et Michelle —, je suis parti d'une idée utilisée par Octavus Roy Cohen dans un roman intitulé *I love you again* où, à la suite d'un accident, un mari amnésique ne se souvient pas qu'il est marié et qu'il aime sa femme. J'ai placé le décor à Tournus, petite ville en Bourgogne, entre Chalon-sur-Saône et Mâcon, où nous passions l'été lorsque mon père était député de Saône-et-Loire, et que je connaissais par conséquent comme ma poche. Par contre, j'ai imaginé des personnages sans m'inspirer de personnes que j'avais connues ou rencontrées.

Il n'y avait rien d'autobiographique dans ce roman parce qu'en l'écrivant je voulais seulement me prouver à moi-même que j'avais compris comment se fabriquaient les romans d'amour que je publiais dans le *Cercle du Livre Romanesque.* J'en lisais une quarantaine par an pour choisir les 26 que j'offrais aux membres de ce cercle. Les auteurs étaient presque tous des femmes, même si elles portaient des noms d'hommes, comme Max du Veuzit, ou des prénoms ambivalents comme Claude, et je compris pourquoi lorsque Magali me dit après avoir lu mon roman: «C'est très bien Pierre, vous avez compris, mais ce n'est pas assez froufroutant!» Il s'en est quand même vendu 20 000 exemplaires en France et presque autant ici, mais il n'est pas douteux qu'une femme soit plus qualifiée qu'un homme pour écrire un texte «froufroutant».

Je ne méprise pas ces romans qui sont souvent d'une grande justesse psychologique et rédigés avec soin, en bon français, pour un large public. Ses auteurs sont évidemment plus artisans qu'artistes, mais c'est du travail soigné.

Le sujet d'un livre, comme je l'ai dit, n'est pas ce qui compte le plus. Tout est dans la façon de le traiter. Disons toutefois qu'un auteur débutant aurait bien tort de ne pas chercher dans sa propre vie le sujet de son premier roman car, pour bâtir un livre uniquement sur les fruits de son imagination, il faut déjà plus de métier que pour habiller ses souvenirs. À condition toutefois de ne jamais oublier que donner l'impression d'être vrai est l'objectif à atteindre, et non pas de se faire le miroir fidèle de la réalité.

Pendant mes cinq années de captivité en Allemagne, beaucoup d'officiers tenaient scrupuleusement un journal et, comme on savait que j'écrivais, plusieurs me l'ont donné à lire. Ils étaient, sans exception, terriblement ennuyeux parce qu'ils s'efforçaient tous de donner à des petits événements l'importance considérable qu'ils revêtaient pour nous au moment où nous les vivions: par exemple, répondre trois fois dans la même journée à un appel extraordinaire, sous une pluie battante et cela sans autre raison que le désir de nous empoisonner la vie, car le commandant du camp avait été prisonnier de guerre en France en 1914-1918, et il cherchait sans cesse des occasions d'humilier les officiers français ou de les décourager.

Normalement, il y avait deux appels chaque jour: le matin dans la cour et le soir dans nos chambres. Ces appels extraordinaires duraient toujours longtemps et ils nous exaspéraient, surtout lorsqu'ils survenaient au moment des repas. La soupe, où flottaient quelques feuilles de chou, n'avait qu'un attrait: elle était chaude, ce qui en hiver était précieux. Or, en Silésie où se trouvait notre camp, il neigeait souvent encore en juin et ça recommençait fin août. Quand le capitaine commandant du camp était pris d'une frénésie d'appels, la sonnerie de clairon nous appelant retentissait presque toujours au moment de la distribution de la soupe. Quand nous revenions, trempés et transis, elle était froide. Nous enragions.

Un tel récit, lorsqu'il se répète de nombreuses fois, avec peu de variantes, devient vite lassant. Il aurait fallu prendre un appel extraordinaire comme modèle, celui par exemple qui faillit mal tourner lorsque notre colonel fut mis en joue par des sentinelles allemandes affolées, y ajouter des détails croustillants qui s'étaient produits lors d'autres appels et s'en tenir là. Mais pour ceux qui notaient religieusement le nombre de pommes de terre pourries qu'ils avaient reçues comme repas, chaque appel extraordinaire demandait au moins 20 lignes.

Raconter que, n'ayant pas d'eau chaude pour se raser, on s'était servi du soi-disant café (c'était de l'orge grillée) pour faire mousser son blaireau est un détail amusant, mais la troisième fois qu'on le lit ça n'est plus drôle du tout.

J'éprouvais le même sentiment d'agacement ennuyé lorsque plus tard je lisais dans un manuscrit que le héros, ou l'héroïne, pour la troisième ou dixième fois allumait une cigarette ou buvait une tasse de café.

Depuis qu'on fait la guerre aux fumeurs, l'allumage de cigarettes s'est raréfié dans les manuscrits mais, il y a une vingtaine d'années, si l'on additionnait les allumages, c'est plusieurs paquets de cigarettes que consommaient les personnages d'un roman. Quant à la tasse de café, elle est toujours là, à tel point qu'on se demande parfois si l'auteur ne cherche pas à rivaliser avec Voltaire dont on dit qu'il en buvait jusqu'à 60 tasses par jour.

Choisir un sujet de roman à partir d'un épisode de sa propre vie et l'habiller de faits ou de personnages entièrement imaginés constitue une bonne recette, mais il faut alors se méfier de certaines idées reçues qui laissent une impression de fabrication quand on les analyse. Avant 1960, par exemple, lorsque l'Église était omniprésente et la notion du péché incontournable, la majorité des manuscrits qui arrivaient sur mon bureau traitaient de la révolte contre toute forme d'autorité. La jeune fille qui fuyait le foyer paternel ou bien se faisait violer à la première occasion, ou bien succombait au charme douteux d'un voyou quelconque. Or, l'étreinte unique imposée par la force, acceptée dans un moment d'égarement ou même désirée, entraînait automatiquement une grossesse puis un accouchement plus ou moins dramatique.

Lorsque la grossesse et l'accouchement parais-
saient être des souvenirs, le viol ou l'étreinte unique
puait la fabrication et, lorsque c'était l'un de ces
événements qui semblait authentique, c'était le résultat que l'on devinait fabriqué de toutes pièces parce que
la vie ne présente que rarement un tel automatisme.

Depuis 1960, le pendule est allé à l'autre extré-
mité. La femme libérée se livre à de nombreuses
expériences et, de même que la grossesse était
inévitable à l'époque où les notions du péché et du
châtiment s'imposaient, de même l'expérience homo-
sexuelle fait partie de l'apprentissage de la femme
libérée dans de très nombreux manuscrits. Comme il
est entendu que l'on peut tout dire aujourd'hui, on
n'est pas avare de détails précis. On ne suggère pas,
on décrit. Or, dans ce domaine, souvenirs ou fan-
tasmes se rejoignent pour engendrer une monotonie
irrésistible.

Pour qu'un lecteur soit captivé par sa lecture, il
faut qu'il ressente ce qu'éprouve un spectateur au
théâtre. Il n'est plus dans un fauteuil plus ou moins
confortable, conscient de la respiration de ses voisins,
mais sur la scène, avec les acteurs. Il n'a plus conscience
du jour, de l'heure et de l'endroit où il se trouve. Il
oublie même son propre nom et sa personnalité. Si ce
phénomène ne se produit pas, il s'ennuie, trouve la
pièce insipide et les acteurs mauvais. Le lecteur, s'il
n'entre pas dans l'histoire qu'on lui raconte, s'il ne
partage pas les émotions des personnages, s'il ne s'iden-
tifie pas à l'un d'eux, le livre lui tombera des mains.

Pour s'emparer du lecteur et ne pas le lâcher, il faut avant tout faire vrai et non pas être vrai.

Et de même que ce n'est pas la faute des spectateurs si l'auditoire captif, enchanté, se met soudain à tousser ou à renifler, mais celui de l'auteur ou plus probablement d'un acteur, de même lorsque le lecteur reprend conscience qu'il est assis dans un fauteuil et que son dos lui fait mal, ce n'est pas la faute du lecteur, mais bien celle de l'auteur qui a commis une faute. Et c'est en pourchassant cette faute sur tous les plans: construction, personnages, dialogues ou descriptions que l'on se heurte aux problèmes que présente l'art d'écrire.

# 3

# LA CONSTRUCTION

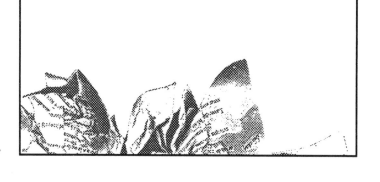

I l y a de nombreuses façons de construire un livre qui raconte une histoire. On peut suivre l'ordre chronologique, quitte à le modifier de temps en temps en utilisant le procédé du *flashback* ou retour en arrière. On peut aussi raconter l'histoire en faisant parler tour à tour différents personnages, ou mener de front plusieurs intrigues parallèles. On peut également utiliser des procédés tels que l'échange de lettres ou la tenue d'un journal.

La construction la plus simple et la plus utilisée, la linéaire classique, consiste à commencer une histoire à son début et à la raconter chronologiquement comme elle s'est déroulée. *L'éducation sentimentale*, de Flaubert, en est un parfait exemple.

Ce roman qui demanda 56 mois de travail à son auteur, c'est-à-dire autant de mois que Stendhal eut besoin de jours pour rédiger *La chartreuse de Parme*, est l'histoire d'une passion qui dure toute une vie. Elle commence par un coup de foudre. La scène initiale est donc constituée par la rencontre du héros, Frédéric Moreau, âgé de 18 ans, «nouvellement reçu bachelier» et de Marie Arnoux, mariée, mère d'une petite fille de sept ans. Ils sont à bord d'un bateau qui remonte la Seine, de Paris à Montereau: «Ce fut comme une apparition. Elle était assise au milieu du banc, toute seule, ou du moins il ne distingua personne dans l'éblouissement que lui envoyaient ses yeux.

«Cet amour éternel en un instant conçu», comme le dit si bien Arvers dans son célèbre sonnet, est le sujet du roman et Flaubert suit pas à pas son héros, d'abord dans ses efforts pour retrouver cette femme dont il ne connaît que le nom, puis dans ses démarches pour gagner l'amitié du mari et devenir un habitué de la maison. Quand ils se verront pour la dernière fois, cela se passera 27 ans plus tard. Ils n'auront jamais été amants, mais elle lui avouera qu'elle l'a aimé. L'histoire est racontée chronologiquement comme elle s'est déroulée.

Lorsque les auteurs se sont décidés à rompre cet ordre chronologique, ce fut pour détacher et mettre en lumière, dans une scène généralement courte, un épisode de l'histoire que le roman raconte. C'est ce que fait brillamment André Langevin dans *Poussière sur la ville*. Après 20 pages qui servent à nous présenter Madeleine, femme du narrateur, il met en scène un épisode dramatique très fort qui s'est déroulé trois mois plus tôt, nous faisant ainsi découvrir la violence animale qui préfigure la fin tragique de cette jeune femme.

Le *flashback* est un procédé dont le mérite est indiscutable, à la condition d'être utilisé à bon escient et non pas par principe. Commencer un livre par une scène forte, même si elle n'est pas à sa place au début de l'histoire, est aussi toujours un atout, surtout si elle présente un des personnages principaux. Les premières pages des *Lilas fleurissent à Varsovie*, d'Alice Parizeau, sont à cet égard exemplaires.

Il y a cependant bien des façons de commencer un livre et il est souvent impossible de le faire par ce qu'on pourrait appeler un coup de poing. Il est des histoires dans lesquelles il faut au contraire se glisser sans faire de vagues. Il en est d'autres où l'on place ses pièces sur l'échiquier avant de leur faire effectuer un seul mouvement. C'est généralement ainsi que commencent les œuvres dramatiques, mais ces scènes d'exposition ne doivent pas durer trop longtemps, ni sur la scène, ni dans un livre. Ce qu'il faut éviter, à tout prix, c'est de demander au lecteur un effort de compréhension avant qu'on ne se soit emparé de son attention. C'est pourtant ce qu'a fait volontairement André Langevin dans *L'élan d'Amérique*.

Jugez-en par les deux premiers paragraphes de ce roman.

«Claire Peabody chante, danse, s'écoule, moelleuse, alanguie, sous la douche, qui abolit le temps et l'espace, la ramène, intacte, aussi familière et hors d'atteinte qu'un pluvier, dans la grande maison gris ardoise de Suoco Pool, perchée sur le promontoire chauve dont le dessin sans bavures rompt, très loin dans la mer, l'arc pur de la plage.

Plus loin encore. À l'extrême horizon, à l'arête de la chute verticale de l'océan sur d'invisibles espaces, l'écume des brisants que le soleil couchant éclaire parfois, l'imperceptible mât du phare désaffecté, et la chambre close de pierres éboulées, la chambre tapissée de varech et de coquilles de calcaire réduites en poudre. La chambre éolienne qui capte toutes les voix de la mer pour les amplifier, vibre au moindre souffle.»

La scène initiale brillante, somptueuse mais hermétique, demande un effort de compréhension d'autant plus vif que le film que l'héroïne regarde sur un écran de télévision, et dont André Langevin décrit de nombreuses images, n'est jamais nommé. Il y a ainsi une trentaine de pages avant que ne commence vraiment l'histoire. C'est pourquoi ce roman qui contient, à mon avis, les plus belles pages de notre littérature québécoise est, à cause de ce début, celui qui a été le moins lu et le moins étudié des cinq romans d'André Langevin.

Je l'avais apporté avec moi à la Foire de Francfort de 1972 où, chaque année, se rencontrent les éditeurs du monde entier pour acheter ou vendre des droits d'édition ou de traduction, et je l'avais remis au directeur des Éditions du Seuil qui, à cette époque, était M. Flamand. Il l'a lu dans la nuit et le lendemain

matin, il me dit: «Je le prends mais il faut absolument changer ce début qui va décourager le lecteur.»
Je lui répondis que j'en parlerais à l'auteur, mais je
connaissais assez André Langevin pour savoir que ce
serait peine perdue. En fait, il était tellement opposé à
rendre plus facile la lecture de ce début qu'il se mit en
colère et protesta avec véhémence au téléphone une
fois le livre imprimé, parce que le résumé à la quatrième page de couverture de l'édition française
donnait le titre du film que l'héroïne regarde. C'est
Denoël et non pas le Seuil qui le publia tel quel en
France parce que Langevin avait refusé de changer les
premières pages de son livre et que M. Flamand
n'était pas homme à capituler devant ce qui ne pouvait être, pour lui, que l'entêtement absurde d'un
auteur. Alors que, pour André Langevin, il s'agissait
d'un principe fondamental.

   *L'élan d'Amérique* avait été publié au Québec tel
quel. Il ne pouvait envisager qu'il en existe deux versions, une pour le Québec et une autre pour la
France. De plus, on était en pleine vogue du nouveau
roman — également appelé «roman du regard» — et
Langevin démontrait, dans les pages en question, qu'il
était parfaitement capable d'écrire brillamment de
cette façon. La démonstration terminée, il revenait à
son propos qui était de raconter une histoire.

   Le nouveau roman prétendait en effet faire
entièrement disparaître l'histoire derrière d'interminables détails. La notion même de construction
était impensable. Que l'ennui et le bon sens n'aient

pas condamné immédiatement ce «nouveau roman»
prouvent que l'attrait de la nouveauté et le snobisme
sont des armes redoutables entre les mains des intellectuels. Les tours de force techniques qui ont rendu à
peu près lisibles *La modification*, de Michel Butor, *La
route des Flandres*, de Claude Simon et certains romans
de Nathalie Sarraute ou de Robbe-Grillet n'empê-
chent pas que ces écrivains auraient mieux fait de mettre leur grand talent au service de leurs œuvres plutôt
que d'emprisonner ces dernières dans un carcan de
règles absurdes: pas d'histoire, pas de construction, pas
de personnages et, souvent même, pas de ponctuation.

Construire un roman en donnant tour à tour la
parole à plusieurs personnages ou témoins d'un
événement peut être un excellent moyen de révéler
graduellement la véritable personnalité du héros ou
de l'héroïne. C'est ce qu'ont fait avec succès André
Gide et André Maurois, parmi beaucoup d'autres
écrivains.

Dans *L'école des femmes*, André Gide donne
d'abord la parole à une femme malheureuse qui a de
bonnes raisons de se plaindre de son mari. Elle confie
donc à son journal ses observations et la façon dont
elle a peu à peu découvert la véritable nature de
Robert, son mari. Ce dernier, après avoir lu ce journal,
prend la parole à son tour dans une annexe intitulée
«Robert» et répond aux accusations de sa femme. Le
lecteur peut alors choisir entre ces deux thèses comme
un juge tranche après avoir écouté les plaidoiries.

Gide ainsi exprimait ses propres idées sans avoir l'air de les prendre à son compte.

Cette construction permet de raconter une histoire en partant de points de vue différents. Elle a été poussée aux extrêmes dans la pièce célèbre de Pirandello: *Chacun sa vérité.* Il en existe de nombreuses variations. Ainsi dans *Climats,* André Maurois — dont on ne lit plus guère aujourd'hui que ses excellentes biographies — donne d'abord la parole à un homme qui raconte sa vie à celle qui deviendra sa deuxième femme. C'est ensuite cette dernière qui prend la plume et son récit qui, dans le temps, fait suite au premier, éclaire brillamment le caractère profond de l'homme qui a aimé passionnément mais n'a jamais pu trouver le bonheur. Cette construction permet à l'auteur de faire raconter une histoire par plusieurs narrateurs sans prétendre savoir ce qui se passe dans la tête de tous ses personnages.

Généralement, ceux qui adoptent cette construction se gardent bien de compliquer les choses plus avant. Dans chaque partie du récit, ils respectent donc la construction linéaire classique.

Faire parler tour à tour différents personnages lorsqu'il s'agit d'un roman par lettres n'est plus une construction, mais un procédé. Un des plus brillants exemples est l'ouvrage célèbre de Choderlos de Laclos, *Les liaisons dangereuses.*

Ce procédé, pour être efficace, demande une technique très sûre. Le roman par lettres n'est donc pas à recommander à un jeune auteur, même s'il dispose réellement de lettres qui mériteraient d'être reproduites *in extenso* dans un livre.

Lorsqu'une histoire mène de front plusieurs intrigues, il faut bien en interrompre une pour passer à une autre. Traditionnellement, ce passage de l'une à l'autre se faisait au moment où l'on changeait de chapitre et chacun d'eux avait une longueur respectable. On ne passait pas d'un chapitre à l'autre sans raison ou au hasard. Le romancier accordait le même soin à cette coupure qu'un auteur dramatique aux actes d'une pièce de théâtre. Amusez-vous par exemple à relire *Autant en emporte le vent* et vous constaterez que tous les chapitres se terminent comme doit se terminer une nouvelle ou un acte, sur ce qu'on appelle une chute, sans doute pour rappeler la chute du rideau au théâtre.

Cette construction bien ordonnée, souvent symétrique, a été bousculée ces dernières années par les maîtres du best-seller américain. Qu'ils s'appellent Stephen King, Clancy ou Ludlum, ils utilisent tous la construction éclatée que j'appelle la construction *Dallas*, du nom de cette série télévisée qui, pendant une dizaine d'années, attirait chaque semaine des millions de téléspectateurs. *Dallas* menait de front cinq ou six intrigues et consacrait à chacune d'elles des scènes très courtes, elles duraient rarement plus d'une minute et demie, passant de l'une à l'autre sans transition et permettant des coupures publicitaires sans nuire à la compréhension du téléspectateur.

L'avantage de ce procédé à la télévision est indiscutable. Il demande un certain effort de la part du téléspectateur et un effort beaucoup plus important du scénariste, du dialoguiste et du réalisateur. Chaque scène doit être réussie et se terminer sur une décision, ou mieux sur une situation de suspense aussi forte que possible, pour qu'elle se grave dans la mémoire du téléspectateur. Si la scène est ratée, si elle n'a pas l'impact désiré, le téléspectateur ne saura pas où il en est lorsqu'une nouvelle vignette ramènera les personnages et, quand il aura enfin renoué les fils de l'histoire, la scène sera terminée et ses personnages abandonnés au profit d'autres qui font avancer une intrigue parallèle.

On se trouve en face des mêmes problèmes dans un livre qui adopte cette construction éclatée en courtes vignettes. Elle a l'avantage de maintenir l'attention du lecteur à un haut niveau de concentration et de laisser dans son esprit des impressions solidement ancrées dans le subconscient. En revanche, elle multiplie les chances d'évasion. La moindre faute, la moindre longueur, le moindre dialogue faiblard, et le contact est rompu.

Pour un écrivain débutant, une telle construction constitue le piège casse-gueule par excellence. Il ne faut l'utiliser que lorsqu'on a acquis un instinct d'une grande sûreté et une technique impeccable, choses qui ne s'acquièrent que peu à peu et qui sont le fruit d'une longue expérience.

Le sujet du livre entre également en ligne de compte quand on en fait le plan. Un roman policier, par exemple, réclame une construction particulière puisqu'il faut à la fois maintenir le mystère jusqu'à la fin et semer en cours de route des indices qui lanceront le détective, et le lecteur, sur de fausses pistes tout en préparant suffisamment la révélation finale pour qu'elle ne paraisse pas invraisemblable.

Que l'histoire qu'on raconte soit simple ou compliquée, il faut arriver à une certaine harmonie, un certain rythme qui se maintiennent tout au long du livre. Pour cela, il faut savoir reconnaître ce que sont des longueurs ou des boursouflures. Un épisode mineur doit demeurer mineur par le temps qu'on lui consacre. Si, pour une cause quelconque: inspiration, plaisir d'écrire ou souci de faire vrai, cet épisode finit par prendre autant de place qu'un temps fort du livre, le lecteur, même s'il ne s'en rend pas compte sur le moment, enregistrera ce manque d'harmonie et l'on aura semé en lui une graine qui finira par germer. Autrement dit, ce passage qui ne l'a pas ennuyé lorsqu'il l'a lu sera la véritable cause de l'ennui qu'il ressentira quelques pages plus tard.

Dans un livre que j'ai lu en captivité il y a un demi-siècle et dont j'ai oublié le titre, mais qui, je crois, était une traduction d'un roman anglais, le héros écrivain en relisant un chapitre écrit la veille sent que quelque chose cloche. Il relit plusieurs fois le passage sur lequel il a buté et ne lui trouve rien à redire. Alors, il relit la page précédente et ne trouve toujours rien. Il remonte ainsi deux ou trois pages avant de pouvoir déceler la faute qu'il a commise. La graine a mis du temps à germer mais, lorsque cela s'est produit, la concentration du lecteur a été rompue.

J'ai eu, maintes fois depuis, l'occasion de vérifier la justesse de cette remarque.

La recherche d'une certaine harmonie est évidemment plus facile si l'écrivain n'a commencé à rédiger qu'après avoir fait un plan détaillé, mais s'il appartient à la catégorie qui laisse l'histoire ou les personnages le guider, rien ne l'empêchera, à n'importe quel moment de la rédaction, de relire ce qu'il a écrit et d'éliminer à ce moment les longueurs et les boursouflures. Il peut également constater que tel passage, tel épisode n'a pas eu un développement suffisant et qu'il faut l'étoffer. Il doit évidemment s'écarter du texte, s'en détacher pour avoir une vue d'ensemble et cela, c'est très difficile quand on n'a pas des années d'expérience derrière soi.

La meilleure façon de prendre de la distance c'est, bien entendu, de laisser passer assez de temps pour découvrir ce qu'on a écrit comme si l'auteur était quelqu'un d'autre. Certains n'arrivent à ce détachement qu'au bout de plusieurs semaines, d'autres n'ont besoin que de quelques heures ou d'une nuit de sommeil. Il appartient à chaque écrivain en herbe d'apprendre à se connaître. S'il n'y parvient pas, il s'en remettra à un tiers, ami ou parent qui, neuf fois sur dix, sera un mauvais conseiller car cette personne n'aura pas été choisie au mérite, mais en raison de l'affection que l'écrivain éprouve pour elle ou même en raison de circonstances favorables: elle est là auprès de lui au bon moment.

Si l'écrivain se forge une évaluation de son ouvrage à travers les avis ou conseils d'amis, de parents ou de professeurs, il est probable que son évaluation sera erronée, à moins qu'il ne réussisse à constituer autour de lui un groupe de conseillers éclairés qui se seront révélés des juges indépendants et objectifs. Ce n'est évidemment pas quelque chose qui peut se faire rapidement. La confiance dans le jugement critique d'un parent ou d'un ami ne peut s'établir que peu à peu et rarement sur le texte d'un seul livre.

Constituer une sorte de comité de lecture d'au moins trois personnes, et de préférence un maximum de cinq, est une excellente chose. Certains auteurs le font et s'en trouvent fort bien. On m'assure qu'Arlette Cousture a constitué un comité de lecture de 30 personnes. Si c'est vrai, je la plains, car il est impossible de faire l'unanimité dans un groupe aussi important. De plus, faire circuler un manuscrit auprès de 30 personnes et recueillir leurs commentaires demandent presque un véritable secrétariat. En revanche, il y a de fortes chances pour qu'un nombre aussi élevé d'experts découvrent toutes les faiblesses d'un texte et les signalent à l'auteur.

Si l'écrivain arrive sans aide à évaluer objectivement son texte, le danger, c'est la satisfaction. «C'est moi qui ai écrit ça! Mais ce n'est pas mal du tout», se dit-il. Il a sans doute raison mais il vaut mieux qu'il se dise: «Ça peut passer. Mais c'est tellement inférieur à ce que je veux dire que je ne dois pas m'en contenter.» Dans le premier cas, il ne cherchera plus à améliorer ce qu'il a écrit. Dans le second, à chaque lecture, il trouvera quelque chose à perfectionner. C'est pourquoi, sans doute, certains écrivains déclarent qu'ils ne se relisent jamais après que le livre a paru car, s'ils se relisaient, ils finiraient, un crayon à la main, par corriger ici et là.

Le premier qui a pensé «écrire, c'est récrire» allait au fond de la question.

# 4

## LES PERSONNAGES

Qu'on fasse ou non un plan, il faut créer des personnages qui seront les héros de l'histoire qu'on
cherche à raconter. Il faut les créer même si on a des
modèles, car il faut leur donner la vie. Trop souvent,
l'écrivain en herbe pense qu'il lui suffit de décrire
l'aspect du garçon ou de la fille, d'ajouter quelques
bizarreries ou traits inattendus pour que le personnage
existe. Or, ce qu'il a créé, c'est une simple silhouette,
un squelette auquel il faut ajouter de la chair, des
muscles et de la peau. Cette silhouette ne deviendra un
personnage que si elle prend forme dans l'esprit du
lecteur auquel elle apparaît lorsqu'il l'évoque. Ce n'est
pas en nous disant qu'il allume une cigarette, qu'il boit
une bière ou un café, qu'un garçon, même décrit
minutieusement, prendra forme, ni en essayant de
nous montrer une fille qui se regarde nue dans le
miroir de sa chambre et qui examine ses seins ou ses
cuisses, qu'elle deviendra un personnage pour un
lecteur normal.

Évoquons d'Artagnan. Il ne surgira pas dans
notre esprit alors qu'il chevauche son cheval jaune en

arrivant à Paris, ni même lorsqu'il se glisse dans le lit de Milady de Winter en se faisant passer pour le comte de Wardes; nous le voyons plutôt l'épée à la main se battant aux côtés d'Athos, Porthos et Aramis, ou seul à seul avec le cardinal de Richelieu.

Si vous évoquez Cyrano de Bergerac, à moins que Gérard Depardieu n'ait effacé l'image du Cyrano que vous aviez à l'esprit, c'est une scène de la pièce qui se matérialisera et si vous en savez des vers par cœur, c'est en les prononçant que vous la verrez.

Cela veut dire que, pour qu'un personnage soit vivant, il faut que le lecteur, quand il l'évoque, le voie en action dans un épisode du livre ou qu'il l'entende exprimer un sentiment enregistré au moment de la lecture.

Certains écrivains évitent de décrire leurs personnages afin de ne pas brider l'imagination du lecteur. D'autres, au contraire, les décrivent minutieusement dès qu'ils ou elles entrent en scène. Certains vont même, comme Dostoïevski, s'étendre sur leur passé et leur arbre généalogique, mais ce n'est pas cette présentation qui fait un personnage inoubliable de Raskolnikov dans *Crime et châtiment*, mais l'intensité des émotions qui le gouvernent et les scènes où il les exprime.

Faites l'expérience: pensez à un livre que vous avez lu il y a déjà quelque temps. Si ce qui vous vient à l'esprit est une sorte de résumé de l'action, cela veut dire simplement que vous avez de la mémoire, mais si ce qui apparaît sur l'écran imaginaire de votre cerveau est une scène particulière où l'un des personnages joue un rôle, c'est que ce personnage créé par l'auteur est réussi: il vit dans votre esprit. Il est infiniment plus qu'une silhouette qui se détache sur un fond clair ou sombre. Il est tellement présent que vous pouvez le retrouver dans un rêve où il jouera une scène très différente de celles qu'il a animées dans le livre qui l'a vu naître.

Nombreux sont les écrivains qui se servent d'un personnage surtout pour exprimer des idées qui leur sont chères. Ils le font discourir ou simplement penser. Son discours ou sa pensée peuvent être en soi très intéressants, mais ils ne contribueront que rarement à le rendre vivant.

Dans les *Thibault*, de Roger Martin du Gard, qui fut une œuvre importante pour ma génération à l'époque de l'adolescence, ce ne sont pas les idées exprimées par Jacques ou par son frère aîné Antoine qui se sont gravées dans ma mémoire, mais plutôt une scène très courte où Antoine, seul devant le miroir de sa chambre, se dit à lui-même, à haute voix: «Antoine Thibault est un type formidable.» Dans *Les faux-monnayeurs*, qui demeure le meilleur roman d'André Gide, ce ne sont pas les pensées qui agitent Édouard ou ses neveux, mais des scènes courtes, comme celle qui nous fait voir le vol d'un livre chez un libraire. Dans un autre roman de Gide, *Les caves du Vatican*, c'est la scène de l'acte gratuit qui nous montre l'assassinat d'un homme que le meurtrier ne connaît pas et qu'il tue simplement parce que l'occasion se présente de le faire impunément. Le personnage de *Lafcadio,* coupable de cet acte atroce et gratuit, ne s'efface pas de la mémoire.

Le personnage, une fois créé, décrit et mis en scène, doit avoir certaines caractéristiques si l'on veut le réussir. La première caractéristique, c'est d'être crédible. Quels que soient les épisodes dont il est le héros, il ne faut pas le faire agir en contradiction avec sa philosophie, sa morale ou ses croyances. Si une telle action est nécessaire, ce n'est pas au moment où elle se produira qu'il faut l'expliquer ou la justifier. Lorsque Alexandre Dumas nous montre d'Artagnan, pour qui l'honneur et l'honnêteté ne sont pas de vains mots, se glisser dans le lit de Milady de Winter d'une façon dont le moins qu'on puisse dire est qu'elle n'est pas honorable, le lecteur n'est pas déconcerté car l'auteur, à plusieurs reprises, a attiré l'attention du lecteur sur les mœurs de l'époque, sur la désinvolture de d'Artagnan que nous avons vu courtiser une femme sous le nez de son mari et même se servir d'une autre, qui l'aime, pour triompher de Milady. Le lecteur a été prévenu. Il ne peut être déconcerté.

D'Artagnan sort donc à peu près indemne de cet épisode peu reluisant, d'autant plus que la femme ainsi abusée, seulement antipathique jusque-là, devient un véritable démon, une meurtrière qui sera durement châtiée.

Le personnage peut donc en surface paraître se contredire et surprendre le lecteur, à la condition de rester au fond fidèle à l'image que ce dernier s'est fait de lui au fil des pages du roman. Sa crédibilité est à ce prix.

Faut-il aussi qu'il soit vrai? Oui, si l'on n'oublie pas que faire vrai ne veut pas dire être vrai. Encore une fois, ce n'est pas ce que l'auteur dit qui importe, mais l'impression qu'il donne. Dans tous les romans pour la jeunesse, y a-t-il un personnage moins vraisemblable que le Capitaine Nemo dans *Vingt mille lieues sous les mers* et *L'île mystérieuse*, de Jules Verne? Cet aristocrate hindou, qui parvient à faire construire cette merveille technologique qu'est le Nautilus sans que les Anglais qui le surveillent s'en rendent compte, était un personnage de science-fiction quand Jules Verne le créa il y a plus d'un siècle et pouvait, à ce titre, avoir une sorte de crédibilité globale. Si le lecteur acceptait ce Nautilus, qui était à la science de l'époque ce que le vaisseau spatial de Stephen King dans *The Tommyknockers* est à la science moderne, il acceptait du même coup le Capitaine Nemo. En revanche, pour un lecteur d'aujourd'hui, le Nautilus, du point de vue scientifique, aurait tout à envier aux sous-marins de Tom Clancy. Nous ne sommes plus dans le domaine de la science-fiction, car la science a rattrapé et même dépassé les anticipations de Jules Verne. Dans un cadre scientifique moderne, Nemo n'est plus à sa place. Il détonne. Il n'est plus vraisemblable. Et pourtant, c'est un personnage tellement réussi qu'il hante sûrement encore les rêves d'innombrables adolescents.

Les mœurs ont tellement changé depuis que Gustave Flaubert a écrit *Madame Bovary*, qu'un lecteur d'aujourd'hui qui découvre cette malheureuse héroïne se sent probablement au moins aussi dépaysé que s'il s'agissait d'une femme appartenant à une tribu aborigène d'Australie ou d'Afrique. Emma Bovary prendra corps pourtant et vivra dans l'esprit des lecteurs, parce que Flaubert l'a si bien réussie qu'il s'identifiait à elle: «*Madame Bovary, c'est moi.*»

Dans *Poussière sur la ville*, André Langevin ne nous décrit le narrateur qu'à la page 24, mais les questions que ce dernier se pose sur sa femme Madeleine et le portrait qu'il en fait le rendent étonnamment vivant. Cet homme qui regarde la fenêtre illuminée de la chambre de sa femme nous fait penser à Swann regardant, la jalousie au cœur, la fenêtre illuminée de la chambre d'Odette de Crécy. Ainsi, par ce rapprochement que rien n'évoque pourtant dans son texte, André Langevin nous prépare à ce qui deviendra le cœur de l'histoire, c'est-à-dire l'infidélité de Madeleine et l'attitude résignée du narrateur, comme Marcel Proust dans cet épisode d'*Un amour de Swann* qui, en apparence, ne traite que de la jalousie, prépare en fait sa brillante démonstration des intermittences du cœur.

Il suffit parfois de quelques mots pour camper un personnage. Marcel Aymé dans ce domaine est inégalable. Pensez, par exemple, au héros de Passe-

Muraille: «Il y avait à Montmartre, au troisième étage du 75 bis de la rue Orchampt, un excellent homme nommé Dutilleul qui possédait le don singulier de passer à travers les murs sans en être incommodé. Il portait un binocle, une petite barbiche noire et était employé de troisième classe au ministère de l'Enregistrement.» Tout est dit: son nom, son adresse, sa profession, son caractère, son apparence et ce don singulier.

Dans *Les Sabines*, Marcel Aymé va encore plus loin, c'est-à-dire qu'il emploie encore moins de mots pour présenter le personnage qui va faire l'objet du récit: «Il y avait à Montmartre dans la rue de l'Abreuvoir une femme prénommée Sabine qui possédait le don d'ubiquité. Elle pouvait à son gré se multiplier et se trouver en même temps de corps et d'esprit en autant de lieux qu'il lui plaisait souhaiter.»

Encore une fois, tout est dit et pourtant il ne la décrit même pas car, ce qui est important, c'est ce don d'ubiquité qui va laisser libre cours à l'imagination de l'auteur.

Tout se joue dans ces quelques lignes de présentation du personnage. Si l'on accepte la donnée farfelue qui nous est imposée, l'auteur a gagné et il nous entraînera où il voudra. Si on la rejette, la partie est perdue. Le lecteur pensera: «Cette histoire est idiote.»

Tout jouer sur un tel coup de dés est trop risqué pour un écrivain débutant et je ne lui conseillerais jamais de prendre exemple sur Marcel Aymé dans ce domaine.

Qu'un personnage soit crédible ne veut pas dire que ses actions soient prévisibles et qu'il ne puisse pas réserver des surprises au lecteur. Comme dans la vie, un personnage réussi possède, au moins en apparence, une zone de libre arbitre. Son caractère, sa philosophie, ses croyances, sa morale et les circonstances lui dictent la plupart de ses décisions, mais pas toutes. Les grandes œuvres fourmillent d'ailleurs de personnages qui changent, qui évoluent et qui surprennent. Un excellent exercice consisterait à choisir, par exemple, un personnage de *La comédie humaine*, de Balzac — disons Rastignac — et à le suivre de livre en livre. Que reste-t-il du jeune provincial, ébloui par Paris, qui rêve de se faire un nom, que nous voyons dans *Le père Goriot,* et l'homme blasé, vieilli qui apparaît dans *La maison Nucingen*?

Plus étonnante encore est la transformation d'une Madame Verdurin, personnage important de *À la recherche du temps perdu*, longtemps quintessence d'un snobisme bourgeois assez vulgaire, qui est devenue Princesse de Guermantes dans *Le temps retrouvé*. Et non moins étonnant est le destin de Gilberte Swann, premier amour du narrateur, tenue en marge de la société parce qu'elle est la fille d'Odette de Crécy, demi-mondaine notoire, et qui pourtant, pourvue d'un nouveau nom et ayant changé de milieu, va épouser Saint-Loup, l'ami du narrateur, à qui ce dernier a donné tous les attributs de l'aristocrate.

Le lecteur est surpris, mais ces personnages, avec leur nouveau visage, leur nouveau rôle et leur nouvelle personnalité, demeurent profondément les mêmes. Par conséquent, leur crédibilité n'est en aucune manière diminuée.

Autre remarque concernant le personnage principal. De même qu'un acteur dramatique ou un scénariste de film a tendance, au cours des répétitions ou du tournage, à donner plus d'importance au personnage qu'incarne un excellent acteur, de même, en se relisant et en se corrigeant, l'écrivain a tendance à renforcer les scènes où son personnage brille le plus. Lorsque cela arrive, il faut alors revoir avec un esprit critique aiguisé les autres scènes, les autres épisodes dont il est le héros, pour s'assurer que ses actes sont demeurés crédibles. Un hésitant, un velléitaire auquel, dans une scène, l'auteur donne soudain l'occasion de montrer un esprit de décision, ne peut plus demeurer hésitant ou velléitaire dans d'autres scènes, à moins qu'on n'ait pris la précaution de justifier par des causes extérieures cet esprit de décision inattendu.

Finalement, il ne faut pas oublier que le personnage en question n'est pas seul. Ce qu'il est, ce qu'il fait ou va faire provoque des réactions de la part des autres personnages qui doivent aussi demeurer crédibles. Avant de changer quelque chose au caractère d'un personnage, il faut donc mesurer soigneusement les conséquences du changement en question et parfois y renoncer si l'on n'est pas prêt à modifier tout ce qu'il faudra pour ne pas mettre en danger la crédibilité de ce personnage dont dépend, qu'on le veuille ou non, celle de toute l'histoire que l'écrivain veut raconter.

Un excellent exercice consiste à discuter, avec les experts du comité de lecture que vous avez formé, des actions ou réactions d'un de vos personnages. S'il y a quelque chose d'illogique ou d'anormal, ou même une ambiguïté à laquelle vous n'aviez pas pensé, elle sera mise en lumière par la discussion. Parfois même, de nouvelles avenues s'ouvriront à vous.

C'est ainsi qu'un jour, au Théâtre du Rideau Vert, pendant la lecture d'une pièce, j'ai trouvé insupportable une scène entre un homme et une femme dont l'enfant venait d'être victime d'un accident mortel. La scène était belle mais j'étais horrifié à la pensée que des parents puissent parler d'autre chose que de la mort de leur enfant. L'auteur avait besoin, pour que la scène soit juste et forte, que les parents soient bouleversés. J'ai demandé que l'enfant ne soit que blessé, l'auteur accepta et je demeure persuadé qu'en sauvant la vie de cet enfant imaginaire j'ai contribué au succès de la pièce.

Une histoire très forte mal défendue par des personnages sans nerfs ni muscles est plus qu'affaiblie, elle est assassinée. En revanche, une histoire médiocre qui met en scène des personnages hors du commun s'inscrit dans la mémoire et assure le succès du livre. Il ne faut donc jamais sous-estimer l'importance des personnages et celui qui rêve d'une carrière d'écrivain doit consacrer aux personnages de son récit toute l'attention possible.

# 5

## LE DÉCOR

Lorsqu'il s'agit de planter le décor, que ce soit une ville, une maison, une chambre ou un jardin, l'écrivain doit décrire de façon à faire voir ou à faire imaginer l'endroit où se passe l'action.

La seule règle qu'on peut suggérer est de ne pas ennuyer le lecteur car, s'il s'ennuie, il décrochera. Sauter les lignes ou les paragraphes de description a toujours été un sport largement pratiqué par les jeunes, et parfois par les moins jeunes lecteurs. Beaucoup de romans de Jules Verne ont été lus ainsi bien que les descriptions aient eu un caractère éducatif. Au XIX$^e$ siècle, presque tous les auteurs se croyaient obligés de décrire avec minutie non seulement le cadre de l'endroit où se déroulait l'action, mais souvent les meubles, les tapisseries et les tableaux qui étaient sous les yeux des personnages.

Le cinéma et surtout la télévision ont eu dans ce domaine une influence dont on ne saurait sous-estimer l'importance. Il faut évidemment que le scénariste envisage tous les éléments du décor qui apparaîtra sur l'écran, mais le spectateur, lui, n'a aucun effort à faire. La tour Eiffel, l'Arc de Triomphe nous disent que nous sommes à Paris, le Colisée ne peut être qu'à Rome, la place Rouge qu'à Moscou et la statue de la Liberté qu'à New York. Ensuite, que l'on soit à l'extérieur ou à l'intérieur d'une maison, on y restera longtemps car les décors construits en studio coûtent cher. Le décor est donc monté et ensuite utilisé sans changement important à de nombreuses reprises. D'un seul coup d'oeil, le spectateur sait où il se trouve. Il reconnaît les lieux, et sa mémoire lui rappelle la dernière scène qui s'y est déroulée.

Il est impossible dans un livre de concurrencer sur ce point la télévision ou le cinéma. Les images donnent immédiatement des informations que le meilleur texte prendra du temps à indiquer imparfaitement. C'est sans doute pourquoi les écrivains d'aujourd'hui abordent ce problème de mille façons différentes. Les uns choisissent un site réel: Dublin, pour James Joyce, Paris pour Patrick Modiano ou Varsovie, pour Alice Parizeau. D'autres s'inspirent d'un lieu existant et le transforment. Marcel Proust, par exemple, imagine Combray en partant d'Illiers où, enfant, il passait ses vacances, et Cabourg devient Balbec où il suivra des yeux la petite bande des *Jeunes filles en fleurs*.

Certains enfin créent pratiquement de toutes pièces un endroit imaginaire, comme Faulkner, Jouhandeau ou Margaret Laurence. Et n'oublions pas ceux qui ne sont à leur aise que sur un bateau, comme Conrad ou Queffelec.

Placer ses personnages dans un décor réel présente des avantages. Quand le souvenir devient flou, il suffit de se rendre à l'endroit en question pour que tout se replace. En revanche, lorsque le lieu que l'on a choisi a changé sans qu'on le sache et que le lecteur, livre en main, va vérifier, cela peut nuire à la crédibilité de l'auteur.

C'est ainsi qu'un jour, à l'Académie militaire de Westpoint, aux États-Unis, à la période de questions qui suivait la conférence que je donnais chaque année aux élèves officiers qui avaient choisi le français comme langue seconde, je fus apostrophé en excellent français par un élève qui me dit à peu près ceci: «Vous expliquez dans votre *55 heures de guerre* que la rue principale se divise en deux formant ainsi une fourche. Or, je suis allé à Formerie et je peux vous assurer que ce que vous écrivez est faux, car il n'y a pas de fourche. La rue principale est droite comme un "i".» Je fus évidemment incapable d'expliquer l'absence de la fourche et j'assurai à mon interlocuteur que j'irais moi-même à Formerie pour trouver une explication. Il est évident que ma réponse fut considérée comme une dérobade et que mon prestige d'auteur et de conférencier en fut atteint.

Quelques mois plus tard, je me rendis à Formerie et je pus constater que le jeune élève m'avait dit la vérité. Presque toutes les maisons avaient brûlé lors de notre combat en juin 1940. Le conseil municipal, après la guerre, avait donc décidé, en reconstruisant la ville, de redresser la rue principale et de supprimer la fourche. Le maire que je rencontrai me confirma la chose. Je pris quelques photographies et, l'hiver suivant, je passai une partie de ma conférence à expliquer comment ce qui était vrai en 1940 ne l'était plus en 1955.

La meilleure formule consiste probablement à s'inspirer d'un décor réel et à l'adapter à ses besoins. L'important, toutefois, c'est de suggérer plutôt que de décrire. L'imagination du lecteur en bâtira facilement un avec l'aide de quelques indications succinctes. Débarrassé ainsi de sa mission d'information, l'auteur pourra consacrer ses efforts aux deux autres sujets qui font partie du décor: l'atmosphère et le suspense.

Pour l'atmosphère, le modèle par excellence c'est Simenon. En quelques phrases courtes, parfois dépourvues de verbe — ce qui n'est pas un procédé à recommander, car il faut beaucoup d'habileté pour l'utiliser efficacement —, l'atmosphère est créée. Le lecteur sent littéralement la lourdeur de l'air, le froid pénétrant, l'humidité même, et c'est beaucoup plus ce talent que la qualité de l'intrigue ou du mystère qui a fait de Simenon l'un des grands auteurs de notre époque.

Il est aux antipodes de la description exhaustive qui connut son apogée dans le nouveau roman et que Robbe-Grillet en particulier a poussé à d'insupportables extrémités dans *La jalousie*.

Au XIX$^e$ siècle, l'exactitude de la description était une condition essentielle et cela nous en a valu de nombreuses, précises et brillantes, qui mettaient en valeur non seulement l'esprit d'observation de l'auteur, mais l'étendue de son érudition et la richesse de son vocabulaire. Le début de *Salammbô* de Flaubert est, à cet égard, exemplaire. D'innombrables lecteurs ont su par cœur ces pages qui commencent par la phrase célèbre: «C'était à Megara, faubourg de Carthage, dans les jardins d'Hamilcar.» La description de ces jardins envahis par des mercenaires, à qui la ville offre un festin, suivie par la description des mercenaires eux-mêmes et du festin, aujourd'hui nous paraissent interminables. Balzac, de son côté, on le sait, n'était pas avare de descriptions qui, elles aussi, apparaissent longues aux lecteurs de cette fin du XX$^e$ siècle. On devine que parfois un auteur est heureux d'exhiber toutes les nuances de sa palette. Il n'en faut pas plus pour que le mot «danger» fasse surface. Le contentement est une tentation normale quand on a bien travaillé et que le résultat semble à la hauteur de l'objectif poursuivi, mais il faut savoir y résister. Si l'on y cède, le lecteur d'abord séduit se lassera, puis s'irritera de sentir que l'auteur qui se regarde écrire ne cherche plus à intéresser, car il ne vise plus au fond qu'à se faire plaisir.

Une autre façon d'utiliser le décor — ou plutôt la description que l'auteur en fait — consiste à le décrire à un moment donné afin de suspendre l'action, c'est-à-dire à créer ou à maintenir ce qu'on appelle aujourd'hui un suspense. C'est un procédé que les auteurs dramatiques connaissent bien. Le rideau tombe sur un tableau ou à la fin d'un acte à un moment crucial. L'action est arrêtée, suspendue, et la tension est d'autant plus impressionnante que du temps va passer avant que le rideau se lève à nouveau.

Au cinéma, à l'époque du muet, les mots «La suite au prochain épisode» apparaissaient sur l'écran au moment, par exemple, où l'héroïne ligotée, suspendue par les pieds au-dessus d'une cuve pleine d'huile bouillante, voyait avec horreur un gros rat s'attaquer à la corde qui la soutenait et qui commençait à s'effilocher. Il fallait attendre une semaine pour savoir comment Pearl White, star des *Périls de Pauline*, échapperait au destin tragique qui la menaçait.

La télévision a pris la relève. Elle est même allée jusqu'à faire patienter tout un été des millions de téléspectateurs qui se demandaient: qui a tiré sur J.R.? Ce dernier, personnage riche, puissant et haïssable de *Dallas*, s'était effondré atteint par une balle de revolver tirée presque à bout portant par quelqu'un qu'on ne montrait pas, à la fin du dernier épisode de la saison précédente. C'était étirer le suspense un peu trop et le déclin de cette série télévisée qui, en tête des cotes d'écoute, durait depuis plusieurs années a sans doute commencé à ce moment-là.

En littérature, l'habitude de publier les romans en feuilletons fit de Balzac, d'Eugène Sue, et surtout d'Alexandre Dumas, des champions de l'art du suspense.

Maintenant que les feuilletons ont été tués par la télévision, l'auteur doit faire face à un problème purement technique: comment donner l'impression du temps qui passe en créant ou en maintenant un suspense?

Écrire «Quelques minutes plus tard» indique bien que du temps s'est écoulé, mais ne peut être générateur de suspense. Il faut donc interrompre l'action ou le dialogue en cours pendant suffisamment de temps pour que le suspense agisse. Faire appel au décor, introduire une description est, de toute évidence, le meilleur moyen. À la condition, toujours la même, que ce soit bien un suspense et non une simple diversion. Si la description est maladroite ou trop longue, le lecteur décrochera. Il rentrera de plain-pied dans la réalité. Et ça peut arriver très vite. Trois ou quatre lignes peuvent suffire. C'est pourquoi suggérer, esquisser, vaut presque toujours mieux que décrire.

Il y a un domaine où suggérer plutôt que décrire devrait être la règle, c'est celui du sexe. Longtemps ce fut un sujet tabou et ceux qui osaient timidement le transgresser le faisaient à leurs risques et périls. Quand on pense que *La garçonne*, publiée peu après la fin de la Première Guerre mondiale, provoqua un tel scandale que son auteur, Victor Margueritte, y perdit sa légion d'honneur et que *L'amant de Lady Chatterley* fut condamné par les tribunaux anglais parce que son auteur, D.H. Lawrence, avait osé décrire une Lady Chatterley chevauchant son amant, on comprend la mesure de la révolution qui s'est opérée dans les mœurs et dans les esprits en une cinquantaine d'années.

Les points de suspension qui étaient de rigueur dès que l'auteur faisait franchir la porte de la chambre à coucher à ses personnages ont été remplacés par des descriptions si crues et si précises qu'elles ne laissent rien à l'imagination du lecteur. C'est de la pornographie pure et simple. À ce titre, c'est presque toujours d'une monotonie sans limite et d'un ennui absolu.

Pourtant, le sexe jouant dans la vie de tous les lecteurs un rôle considérable, il y a là un paradoxe: n'en pas parler, c'est laisser de côté un des moteurs de la vie affective; le décrire, c'est ennuyer. La solution à ce problème est pourtant bien simple: puisque la pornographie naît de la description, il faut en parler mais se contenter de suggérer. Car, si la description est ennuyeuse, la suggestion, elle, est érotique. Or, l'érotisme n'est jamais ennuyeux. Nabokov est probablement le maître de l'érotisme contemporain et *Lolita*, en particulier, est un modèle. Rien n'est décrit, tout est suggéré et pourtant tout est dit. Quand le triste héros de ce livre, obsédé par son désir de Lolita, envisage de la droguer pour parvenir à ses fins et que le suspense devient presque insupportable, c'est la nymphette qui soudain propose à l'homme mûr qui la désire de jouer avec lui comme elle jouait avec un camarade de son âge. Il obtient donc ce dont il rêvait, ce qui l'obsédait, et tout est dit sans un mot cru, sans une description. Déjà Choderlos de Laclos, dans ses *Liaisons dangereuses*, faisait raconter par Valmont à la

Marquise de Merteuil comment celui-ci avait défloré une jeune fille, innocente et oie blanche, comme on l'était en ce temps-là dans la bonne société. Valmont écrivait que sa victime était tellement occupée à défendre sa bouche que la forteresse était tombée et la place était prise sans qu'elle l'ait défendue. Tout est suggéré, rien n'est décrit mais tout est dit et cette scène, que le lecteur doit imaginer, puisqu'on ne lui en dit pas plus, se grave dans sa mémoire.

Le jour où nos jeunes écrivains redécouvriront l'érotisme et tourneront carrément le dos à la pornographie, ils auront fait un pas de géant dans la bonne direction. Les lecteurs et la littérature y auront gagné.

# 6

## LES DIALOGUES

**D**onner la parole à des personnages est un procédé qui est apparu dès l'origine de la création romanesque, car le théâtre a précédé le roman. Il est donc normal que les auteurs qui ont écrit pour être lus, et non pour être entendus sur une scène, aient utilisé des dialogues pour rendre plus présents et plus vrais leurs personnages. Là encore, la radio et la télévision ont eu une influence qui explique l'importance grandissante que les auteurs de cette fin du XX$^e$ siècle accordent au dialogue. Or, les faiblesses ou la médiocrité de ce dernier sautent aux yeux lorsqu'on lit un manuscrit, alors que l'insignifiance de l'intrigue ou le manque de crédibilité d'un personnage mettent plus de temps à se manifester. Lorsqu'on tombe sur un dialogue dans les premières pages d'un roman, on sait tout de suite si on est en face d'un véritable auteur ou si l'on va perdre son temps à lire plus avant.

L'écrivain qui a un peu réfléchi avant de s'attaquer à un dialogue sent bien les pièges et les embûches qu'il lui faut éviter et, pour y arriver, il est tenté de coller à la réalité, de reproduire le plus exactement possible la discussion qui lui a inspiré la scène à laquelle il s'attaque. Ce faisant, il est à peu près certain que ce qu'il écrira ne sera pas bon, car la transcription exacte d'un débat brillant se révèle répétitive et pleine de fautes que l'oreille des participants n'a pas saisies dans le feu de l'action. Encore une fois, là aussi, pour être crédible il ne faut pas être vrai, mais donner l'impression qu'on l'est. On réussira un dialogue si, au lieu de répéter exactement les mots qui ont été échangés, on écrit ceux qui auraient dû être prononcés si les protagonistes avaient eu le temps de réfléchir. C'est ce qu'on appelle l'esprit de l'escalier.

Imaginez que l'ex-vice-président des États-Unis, Dan Quayle, lors de son débat avec le sénateur Bentzen, candidat démocrate à la vice-présidence en 1988, ait eu le temps de digérer l'attaque inattendue et empoisonnée de son adversaire: «J'ai bien connu Jack Kennedy, vous n'êtes pas un Jack Kennedy.» Au lieu de répondre: «Cette remarque est vraiment déplacée, sénateur», s'il lui avait répliqué: «Et vous, Sénateur, vous n'êtes pas une Marilyn Monroe», tout le monde aurait d'autant plus éclaté de rire que ledit sénateur n'est pas particulièrement beau et on n'aurait parlé que de cette réplique en oubliant l'attaque qui l'avait provoquée.

La repartie brillante qui écrase l'adversaire se produit rarement dans la vie. Il en est de célèbres, comme celle de Léon Daudet interrompu à la tribune de la Chambre des députés par un ministre du nom de Painlevé. À cette époque, il n'y avait pas de micro, aussi Daudet n'eut-il pas de mal à couvrir de sa voix celle plus fluette du ministre, dressé comme un coq à son banc. Après trois tentatives, résigné, Painlevé ne put que se rasseoir. Alors Léon Daudet, s'interrompant au milieu d'une phrase et montrant du doigt le pauvre Painlevé, s'écria: «Voilà Pain rassis!»

J'ai entendu également mon père, lors d'une campagne électorale, agacé par un interrupteur qui criait: «Moi je n'ai pas de parti», lui lancer: «Je plains ta femme!». Et à un autre qui voulait évoquer un mini-scandale concernant un élevage de porcs, criant: «Et les cochons, hein! et les cochons...», répliquer: «Je m'occuperai de toi tout à l'heure.» Mais le don de repartie est très rare. En doter un de ses personnages est donc une excellente chose.

Un autre piège, lié au souci d'exactitude, con-siste à dire en 50 mots ce qui pourrait être dit en 25 mots ou moins. Lorsqu'on écoute, on supporte beau-coup mieux les mots superflus. En fait, ils sont néces-saires à un bon texte radiophonique qui, dans le cas des romans-savons, était presque toujours un premier jet. Comment aurait-il pu en être autrement lorsque Jean Després, par exemple, menait de front trois radio-romans de 15 minutes chaque jour? Si elle avait dû vraiment travailler ses textes, elle n'aurait jamais pu tenir cette cadence inhumaine plus de quelques jours. Certains auteurs étaient connus pour «tirer à la ligne». Je me souviens, par exemple, d'un radio-roman où il n'était pas rare d'entendre un dialogue comme celui-ci:

> – Je crois que tu devrais fermer la porte. On
>    pourrait nous entendre.
> – Tu le crois vraiment?
> – J'en suis sûr.
> – Eh bien! tu as raison. Je vais la fermer.
> – C'est ça, ferme-la!

Et le bruiteur faisait entendre à l'auditoire une porte
qui se fermait.

Ce type de dialogue allait parfaitement à la radio;
d'ailleurs, ledit radio-roman dura plusieurs années. Ça
ne serait jamais passé au théâtre et, dans un livre, ça
serait insupportable.

Au théâtre, l'acteur irait fermer la porte et se
contenterait de dire pourquoi: «On pourrait nous
entendre.» Dans un livre, ce minuscule épisode ne
saurait donner naissance à un dialogue. Dans un texte
fait pour être lu, chaque mot est important et les dialogues doivent être stylisés, sinon ils lasseront vite le
lecteur.

Marcel Proust n'a presque jamais utilisé le dialogue. Ce qu'il cite entre guillemets, ce sont des phrases
isolées ou des monologues plus révélateurs de la pensée,
de la philosophie et des croyances du personnage qui
parle, que de longues et minutieuses démonstrations.
Françoise, par exemple, est tout entière dans ces cita-
tions et on se souvient bien plus nettement de ses jugements que de ses actions. Monsieur de Norpois est tout
entier dans ses monologues ampoulés et prétentieux qui
sont un merveilleux pastiche du style «ambassadeur».

En écartant les dialogues, Marcel Proust se débarrassait d'un autre piège dans lequel Balzac, par exemple, a sauté à pieds joints lorsqu'il a donné la parole au Baron de Nucingen. Je ne sais si cela amusait à l'époque les lecteurs de Balzac, mais il est certain que, pour les lecteurs d'aujourd'hui, cette écriture phonétique, qui veut nous faire entendre un français déformé par un accent allemand à couper au couteau, est pénible, difficile à comprendre et, par conséquent, lassante.

Au théâtre, un accent peut être un atout. Il suffit de penser à Raimu dans la trilogie de Pagnol ou évoquer l'accent roumain de Madame Popesco. Mais, dans un livre, tout ce qui dérange, tout ce qui distrait le lecteur, doit être évité. Par conséquent, lorsque le personnage prend la parole pour la première fois, on pourra indiquer l'accent qui déforme les mots ou les fautes contre la langue, mais il faudra se garder de les répéter chaque fois qu'il parle. C'est une des raisons qui ont fait du joual un phénomène éphémère.

Gérard Bessette a fait, dans *La bagarre*, une tentative extrêmement intéressante de l'emploi systématique du dialogue, reproduisant exactement le langage des différents personnages de son roman, ne reculant pas parfois devant une véritable écriture phonétique. S'il n'a pas eu le grand succès que méritait ce beau livre, c'est probablement parce que, peu à peu, au plaisir et même à l'admiration que font naître ces dialogues si vrais et si révélateurs, succède une certaine lassitude parce qu'ils réclament un effort de prononciation et, parfois, de compréhension.

Comment alors utiliser le dialogue pour révéler un caractère, l'éducation ou l'intelligence d'un personnage? Marcel Proust nous souffle la solution, lui qui retournait au style indirect dès qu'il avait fait parler une de ses créations: il ne faut pas en abuser. À défaut d'un monologue, un dialogue limité à deux personnes, ne portant que sur quelques répliques, suffit presque toujours. D'ailleurs, dès qu'il y a plus de deux personnages en présence, on se trouve en face d'un problème technique. Comment les identifier à coup sûr sans utiliser la répétition de mots qui fait horreur aux écrivains français, alors que les Anglo-Saxons, en général, s'en fichent éperdument. Ces derniers utilisent presque toujours le verbe «dire», alors que les Français vont s'efforcer, pour ne pas répéter «dit X» ou «dit Y», de préciser: crie, hurle, rage, murmure, susurre, lance, bredouille, réplique, interrompt, répond, supplie, menace, etc. C'est, bien entendu, très souvent artificiel et, par conséquent, à éviter. Ce qui ne veut pas dire qu'il soit bon d'aller loin en sens inverse. Claude Mauriac par exemple, dans *Le dîner en ville*, fait parler une bonne demi-douzaine de convives sans jamais les nommer. C'est un tour de force, assurément admirable, mais qui explique peut-être pourquoi cet excellent écrivain, qui cherchait à sortir de l'ombre gigantesque de son père en pratiquant une originalité forcenée, n'a jamais connu le succès que son talent méritait.

Tous ces pièges, toutes ces embûches, devraient inciter le futur écrivain à n'utiliser qu'avec prudence et parcimonie le dialogue dans ses œuvres romanesques.

On constate pourtant, dans les manuscrits rejetés par les éditeurs, et même dans des livres publiés que, bien souvent, les dialogues en constituent la partie la plus importante. Et je ne parle pas ici des dialogues qui ne sont que des bavardages ou des papotages sans intérêt. Par ailleurs, les auteurs donnent souvent la parole à des personnages qu'ils disent intelligents et cultivés, mais à qui ils font débiter des niaiseries, des lieux communs ou des clichés. C'est ainsi que j'ai publié, il y a quelques années, un roman dont le héros, nous disait l'auteur, était un très grand écrivain, maître à penser de toute une génération. Comme l'auteur le faisait parler, le lecteur ne pouvait que constater, plus ou moins cons- ciemment, que ses paroles ne décelaient aucunement une pensée très brillante et profondément originale. Le grand écrivain ne s'exprimait ni mieux ni plus mal que l'auteur lui-même, c'est-à-dire qu'il parlait comme un intellectuel qui ne pouvait prétendre posséder un talent universel. J'avais conseillé à l'auteur, sans succès, probablement parce qu'il aurait fallu refaire une grande partie du texte, de laisser à l'imagination du lecteur le soin de formuler les pensées sublimes dont le héros était censé être habité.

Dans ce cas encore, l'ouvrage n'eut pas le succès auquel il aurait pu prétendre et qu'il aurait, je crois, connu si le héros était resté muet.

Diable! Direz-vous: cela voudrait-il dire qu'un écrivain ne peut créer un personnage qui lui soit supérieur? Ce n'est pas de cela évidemment dont il est question, mais seulement de l'utilisation du dialogue.

Pour tenir compte de tous ces pièges, faut-il éviter de s'en servir? Évidemment non!

La présence d'un court dialogue dans une page de livre est plaisante non seulement à l'œil mais aussi à l'esprit. On passe du statique à l'actif, le tempo s'accélère, le murmure trop souvent monotone de l'auteur fait place à des voix claires, différentes, variées et surtout vivantes. À la fois coup de projecteur et coup de clairon, le dialogue réveille le lecteur qui s'endormait doucement, bercé par sa propre voix qui épousait la cadence et le rythme voulu par l'auteur.

Le dialogue est un outil merveilleux, souvent indispensable, mais qu'il faut manier avec mesure et précaution.

# 7

## LE STYLE

Vous avez beaucoup lu et vous avez décortiqué des livres que vous aimez pour comprendre comment ils ont été faits. Vous avez tenu scrupuleusement un journal auquel vous avez confié les pensées que vous inspirent les livres que vous avez lus. Vous vous êtes appliqué à traduire des textes très différents, par exemple une nouvelle de Katherine Mansfield, une autre de Damon Runyon et une troisième de Stephen King. Vous pensez tenir un bon sujet de roman en brodant autour d'un épisode de votre adolescence. Vous avez établi le plan du livre, dressé la liste de vos personnages, choisi le décor et la scène initiale. Vous avez bien réfléchi au dosage de descriptions et de dialogues. Il ne vous reste plus qu'à rédiger. Quels conseils vous donner encore?

J'en vois deux principaux. Le premier consiste à ne pas contrecarrer votre penchant naturel pour des phrases amples et généreuses ou, au contraire, pour des phrases courtes et peut-être un peu sèches car, dans le premier cas, vous apprendrez à élaguer, à faire plus court et, dans le second, à étoffer, à rendre moins elliptique votre pensée lorsque le moment sera venu de polir et de repolir comme le conseille Boileau.

Que vous soyez un disciple de Flaubert ou de Colette qui enfantaient dans la douleur, ou qu'au contraire vous écriviez sans effort et presque dans la joie importe peu. Ce qui compte, c'est votre rythme intérieur qui fait naître les phrases en vous et vous dicte par conséquent votre façon d'écrire. On peut se fabriquer un style en s'inspirant de tel ou tel écrivain, mais le résultat, s'il n'atteint pas au véritable pastiche qui est un art en soi, sera toujours médiocre. «Ne forcez pas votre talent...»

On pourrait dire que le style d'un écrivain lui est tellement personnel qu'il permettrait de l'identifier aussi sûrement que ses empreintes digitales. Les êtres humains sont uniques. Il peut exister des ressemblances entre différentes personnes mais, à l'exception des jumeaux identiques, les sosies véritables sont extrêmement rares. Et de même que chaque personne a une apparence et une voix qui lui sont propres et qui sont différentes de celles de toutes les autres, de même son style naturel n'appartient qu'à elle. Si vous en doutez, il vous suffit, pour en être persuadé, de constater que de nombreuses œuvres étrangères ont fait l'objet de plusieurs traductions qui disent la même chose, puisqu'elles racontent phrase par phrase la même histoire, et que pourtant elles sont entièrement différentes. Cette différence tient, évidemment, au style du traducteur.

De là à conclure qu'il suffit d'un échantillon du style d'un écrivain pour l'identifier il y a un pas que, pour mon compte, je n'hésite pas à franchir lorsqu'il s'agit d'un grand écrivain. J'imagine très bien, par exemple, une émission culturelle à la télévision qui s'intitulerait «De qui est-ce?»

On choisirait dans un des livres d'un auteur reconnu comme ayant un talent original un passage qui ne comporterait aucun nom de lieu ni de personnages, afin de ne pas faire appel à la mémoire et à l'érudition. Ce passage devrait être suffisamment long pour que le rythme intérieur, auquel obéit l'auteur lorsqu'il écrit, soit apparent. Le rythme, ou le souffle — pour Françoise Sagan on a dit «petite musique» —, qui donne son style à un écrivain serait tellement évident pour certains auteurs qu'ils seraient identifiés à tout coup par un des membres d'une table ronde ou par des téléspectateurs qui téléphoneraient. Si l'on choisissait quelques vers d'un grand poète, tel que Baudelaire, Verlaine ou Musset, les résultats seraient tout aussi probants, mais, dans le cas d'un poète, la mémoire pourrait jouer plus facilement que pour un texte en prose. Il est en effet plus facile de se souvenir d'un texte en vers que d'un texte en prose. De plus, à l'exception de Victor Hugo dont l'œuvre poétique se mesure en dizaines de milliers de vers, celle de la plupart des grands poètes est peu volumineuse et peut être lue en quelques heures. Il est plus facile et plus fréquent de connaître tous les poèmes de Baudelaire que tous les romans de François Mauriac.

Vous pensez que j'exagère? Eh bien, essayons! De qui est le passage suivant? Il s'agit d'un auteur français de notre siècle:

«De temps à autre, les républicains, une demi-douzaine en tout, profitaient d'une nuit sans lune pour aller chanter la *Carmagnole* sous les fenêtres du curé et beugler: «À bas l'Empire». À part cela, il ne se passait rien. Alors, on s'ennuyait. Et comme le temps ne passait pas, les vieillards ne mouraient pas. Il y avait vingt-huit centenaires dans la commune sans compter les vieux d'entre soixante-dix et cent ans, qui formaient la moitié de la population. On en avait bien abattu quelques-uns, mais de telles exécutions ne pouvaient être que le fait d'initiatives privées, et le village, sommeillant, perclus, ossifié, était triste comme un dimanche au paradis.»

Le nom de l'auteur, si vous êtes familier de son œuvre, est sûrement venu sur vos lèvres sans que vous ayez besoin de vous livrer à une analyse de ce texte. Ce ton de conteur, ce choix de mots inattendus, ce style humoristique n'appartiennent qu'à Marcel Aymé. Ce passage se trouve tout au début de *La jument verte*.

Essayons à nouveau avec un autre auteur français du XXᵉ siècle, au style si particulier que vous l'identifierez sûrement.

«Certes, ce coup physique au cœur que donne une telle séparation et qui, par cette terrible puissance d'enregistrement qu'a le corps, fait de la douleur quelque chose de contemporain à toutes les époques de notre vie où nous avons souffert, — certes, ce coup au cœur sur lequel spécule peut-être un peu (tant on se soucie peu de la douleur des autres) celle qui désire donner au regret son maximum d'intensité, soit que la femme n'esquissant qu'un faux départ veuille seulement demander des conditions meilleures, soit que, partant pour toujours — pour toujours! — elle désire frapper, ou pour se venger, ou pour continuer d'être aimée, ou (dans l'intérêt de la qualité du souvenir qu'elle laissera) pour briser violemment ce réseau de lassitudes, d'indifférences, qu'elle avait senti se tisser, — certes, ce coup au cœur, on s'était promis de l'éviter, on s'était dit qu'on se quitterait bien. Mais il est infiniment rare qu'on se quitte bien, car si on était bien on ne se quitterait pas.»

Ces parenthèses, ces incidentes, cette phrase sinueuse est, vous l'avez deviné, signée Marcel Proust. Elle se trouve dans *La fugitive*, à la page 425 de l'édition de la Pléiade.

Prenons maintenant un court passage d'un autre auteur français de notre siècle, dont le style a fait l'objet de maintes études parce qu'il introduit un élément nouveau dans la langue écrite:

> «On se rend alors compte où qu'on vous a mis. Les maisons vous possèdent, toutes pisseuses qu'elles sont, plates façades, leur cœur est au propriétaire. Lui on le voit jamais. Il n'oserait pas se montrer. Il envoie son gérant, la vache. On dit pourtant dans le quartier qu'il est bien aimable le proprio quand on le rencontre. Ça n'engage à rien.»

Ce style parlé ne trompe pas. C'est du Céline. Vous trouverez ce passage à la page 304 du *Voyage au bout de la nuit,* dans l'édition Folio.

Tout cela est très bien, direz-vous, mais vous ne prenez pour exemple que des auteurs français. Si votre théorie est sérieuse, vous devriez pouvoir en faire autant pour nos auteurs québécois. À la condition que leurs livres aient été lus par un nombre important de lecteurs, je suis persuadé qu'ils pourraient être identifiés aussi facilement.

Prenons par exemple une femme écrivain québécoise, dont plusieurs livres sont étudiés soit dans les écoles secondaires, soit dans les cégeps:

> «Elle arrivait vers cinq heures, et la maison était remplie: son chapeau sur un fauteuil, son manteau sur un autre, ses gants, son sac, le fruit de ses courses toujours coûteuses,

toujours nombreuses et qui faisaient les frais du début de la conversation. Elle exhibait des bas fins, des souliers extravagants, des soieries dont elle se drapait avec des roucoulades de plaisir. Elle rejetait la tête en arrière, et l'on voyait battre la vie à la base de son cou. Puis, elle s'asseyait sur le tapis, s'entourait les genoux de ses bras. Chaque fois que je m'approchais d'elle, je voyais jusqu'à l'aréole ses seins nus dans l'encorbellement du corsage que sa posture faisait bâiller. Je n'aurais eu qu'à me pencher pour m'en saisir. Je ne dis pas que je n'en avais pas envie.»

Ce texte, à la première personne, ces phrases rapides, courtes, légères et précises qui nous font voir le personnage que l'auteur décrit sont de Claire Martin. Ce passage se trouve à la page 40 de l'édition C.L.F. poche (1967) de *Doux amer*.

Répétons l'expérience avec un autre écrivain dont plusieurs ouvrages sont étudiés dans nos maisons d'enseignement:

«Cela lui fait tout drôle de le regarder si près dans les yeux, qui sont bleus comme la nuit et si grands qu'il n'y a presque pas de blanc, et où les larmes coulent sans en avoir la forme, un ruissellement d'eau dans tous les sens. Ce qui l'étonne le plus, c'est leur fixité sans expression, comme s'il ne savait pas qu'il pleure ou s'il y avait un autre enfant à l'intérieur qui regarde tout ça avec une froide curiosité. Et il le sent si ferme, bien plus dur qu'il ne l'avait imaginé, si vivant, que la pensée l'effleure qu'un bébé est incapable de mourir, quand bien même il le voudrait.»

Ce bonheur d'expression, cette précision, ces mots simples qui révèlent une extraordinaire sensibilité sont d'André Langevin. Ce passage se trouve à la page 196 du roman *Une chaîne dans le parc.* (C. L. F.)

Ces cinq exemples montrent clairement, je crois, le caractère unique et personnel du style d'un écrivain.

Le second conseil que je voudrais donner à un jeune auteur, c'est de se méfier des adjectifs. Ce sont de faux amis. Indispensables dans quelques cas, utiles dans d'autres, ils affaiblissent souvent ce qu'ils voudraient préciser. Un choix judicieux du verbe et du substantif presque toujours les remplace utilement. De plus, ils ralentissent le rythme de la phrase.

Ce n'est pas par hasard si les adjectifs sont si rares dans la plupart des plus beaux vers de la langue française. Pensez à ceux-ci, dans *Booz endormi*, de Victor Hugo:

«Voilà longtemps que celle avec qui j'ai dormi
Oh Seigneur, a quitté ma couche pour la vôtre
Et nous sommes encore tout mêlés l'un à l'autre
Elle à demi vivante et moi mort à demi.»

Et, dans ce même poème:

«Quel Dieu, quel moissonneur de l'éternel été
Avait en s'en allant négligemment jeté
Cette faucille d'or dans le champ des étoiles?»

Pensons à Corneille, à Racine surtout, qui fait
dire à Andromaque:

«Hélas, je m'en souviens, le jour que son courage
Lui fit chercher Achille ou plutôt le trépas
Il demanda son fils et le prit dans ses bras.
Chère épouse, dit-il, en essuyant mes larmes
J'ignore quel succès le sort garde à mes armes
Je te laisse mon fils, pour gage de ma foi
S'il me perd je prétends qu'il me retrouve en toi.»

Un parfait exemple d'un adjectif qui affaiblit se
trouve dans ce passage célèbre de *La nuit de mai,*
d'Alfred de Musset:

«L'homme n'écrit rien sur le sable
À l'heure où passe l'aquilon
J'ai vu le temps où ma jeunesse
Sur mes lèvres était sans cesse
Prête à chanter comme un oiseau
Mais j'ai souffert un dur martyre
Et le moins que j'en pourrai dire
Si je l'essayais sur ma lyre
La briserait comme un roseau.»

Qualifier un martyre de «dur» est un pléonasme.
Le poète avait besoin d'une syllabe pour que son vers

ait huit pieds. Le mot «martyre» s'imposait puisqu'il correspondait à ce qu'il avait éprouvé lorsque George Sand l'avait trompé avec leur médecin pendant leur séjour à Venise. Il aurait pu écrire «un long martyre» mais il se serait écarté de la vérité. Aucun autre adjectif ne convenait.

Pensez aux chefs-d'œuvre que sont *Les fables de La Fontaine* et cherchez les adjectifs dans *Le loup et l'agneau,* dans *La cigale et la fourmi, Le lièvre et la tortue,* ou dans d'autres fables. Vous verrez que La Fontaine fait un usage parcimonieux de l'adjectif qualificatif.

Demandez-vous pourquoi les phrases d'Alexandre Dumas vous entraînent à un galop effréné et vous constaterez qu'une des caractéristiques de son style, c'est justement la quasi-absence d'adjectifs. En voici un exemple:

> «L'été se passa ainsi. Mes désirs étaient devenus un amour véritable. La froideur de Caroline était un défi; je l'acceptai avec toute la violence de mon caractère. Comme il m'était impossible de lui parler d'amour à cause du sourire d'incrédulité avec lequel elle accueillait mes premières paroles, je résolus de lui écrire; je roulai un soir sa broderie autour de ma lettre, et lorsqu'elle la déploya le lendemain matin pour travailler, je la suivis des yeux, tout en causant avec le général. Je la vis regarder l'adresse sans rougir et mettre mon billet dans sa poche sans

émotion. Seulement, un sourire imperceptible
passa sur ses lèvres.»

(*Impressions de voyage en Suisse,* page 192,
éditions C.L.F., 1948.)

Il y a quelques années, je reçus un manuscrit qui,
par beaucoup de côtés, était tout à fait remarquable. Il
s'agissait d'un sujet fort et original. Les personnages
étaient crédibles et bien campés. Le roman contenait
quelques scènes qui se gravaient dans la mémoire,
mais l'auteur abusait des adjectifs. À ma demande, elle
en supprima quelques centaines mais ne put se
résoudre à aller jusqu'au bout de son effort. Il en sub-
sista, par exemple, une bonne vingtaine dans un seul
paragraphe, dès la première page du livre. Elle avait
choisi ses adjectifs avec tant de soin qu'elle se sentait
amputée lorsqu'elle les enlevait. Plus jeune, je n'aurais
sans doute pas abandonné le combat qu'il fallait
gagner pour assurer à ce roman une chance de succès.
À contrecœur, je publiai son manuscrit insuffisamment
retravaillé. Ce fut un échec.

Vingt-cinq ans plus tôt, j'avais convoqué une jeune
femme, auteur d'un manuscrit imparfait, mais qui
témoignait d'un talent original et d'un rare bonheur
d'expression. J'avais passé des heures avec elle dans
mon bureau à lire son manuscrit ligne à ligne, lui
soulignant ce qui était bon et proposant des corrections
pour ce qui était mauvais. La mer parlait à la narratrice:
«Mais la mer ne me reconnut pas. Le parfum de rose
dans mes cheveux, de lis dans mes mains, cette réserve
dans ma tenue: elle y vit de la coquetterie. Ce n'était
plus la fillette des dernières vacances. J'étais une

étrangère. La mer avait donné rendez-vous à une étrangère.» Le sentier était vivant: «La nuit était douce et ce petit sentier qui suivait derrière nous souriait discrètement en prenant l'empreinte de nos pas.» J'aimais la façon dont elle exprimait des choses simples: «Nous allions tous deux sur le chemin, papa et moi; et nous gardions le silence. Lui, c'était un silence d'habitude, moi un silence d'appréhension.» Je fis lire le livre à Robert Laffont, de passage à Montréal, qui pensa comme moi que si le manuscrit quant au fond ne pesait pas très lourd il révélait par la qualité de sa forme un véritable talent. Robert Laffont devait être interviewé à *Rendez-vous avec Michelle*. Il me proposa d'arranger une rencontre avec cette jeune femme auteur de *Maryse* afin qu'il puisse lui annoncer, en même temps qu'aux téléspectateurs, qu'il publierait son livre en France. Elle ne vint pas au rendez-vous et Laffont, déçu, ne parla plus d'une édition en France. D'ailleurs, je ne parvins pas à parler à l'auteur, ni le lendemain, ni plus tard. Je n'avais pas son adresse mais seulement le numéro de téléphone d'une caissière de cinéma qui lui faisait ses messages. Elle avait signé son livre d'un pseudonyme: Dielle Doran. Je n'ai jamais su son nom véritable. Je n'ai jamais pu lui remettre les droits d'auteur qui lui étaient dus et je n'ai plus jamais entendu parler d'elle. Tout ce travail de correction, d'*editing* comme disent les Américains, fut donc perdu et c'est peut-être le sentiment de futilité hérité de cette expérience avec Dielle Doran qui me fit renoncer par la suite à ce genre de combat. Convaincre un auteur épris d'adjectifs que son livre gagnerait à être purgé de ses qualificatifs superflus m'aurait demandé des heures de discussion, de bataille pied à pied, une dépense d'énergie dont je n'étais plus capable.

Il est relativement facile de corriger un texte trop long ou des phrases qui sentent l'effort et ne coulent pas librement. Un mot mal choisi, un adjectif inutile, une phrase banale sont comme des cailloux sur lesquels vous butez en marchant dans un sentier. Si l'auteur, trop près de son texte et qui bien souvent, en se relisant, croit lire ce qu'il a écrit alors qu'en fait ce qu'il voulait écrire lui voile la réalité, ne peut faire ce travail, c'est à l'éditeur qu'il appartient de l'assumer ou de s'assurer qu'un collaborateur compétent le fera.

Quand, toutefois, on examine un texte de près, qu'on passe le style au microscope, bien des fautes apparaissent que seul l'auteur doit corriger. L'expression «le style au microscope» est le titre d'une série de livres qui ont été publiés à la fin des années quarante sous la signature de Criticus, pseudonyme qui cachait un universitaire connu. J'en ai souvent recommandé la lecture à des jeunes écrivains. Ces livres étudient les toutes premières pages d'une œuvre importante d'un auteur connu et cette analyse minutieuse révèle bien des surprises. Des célébrités comme Gide ou Montherlant, qui sont considérés comme des stylistes accomplis, en sortent passablement meurtris pour ne pas dire massacrés. Alors que Marcel Aymé ou Henri Troyat, dont la réputation ne dépend pas de la qualité de leur style, subissent avec succès cet examen impitoyable. Jugez-en: voici, dans l'éreintement, l'analyse des phrases suivantes au début de *L'immoraliste*, d'André Gide:

«Que si j'avais donné mon héros pour exemple, il faut convenir que j'aurais bien mal réussi; les quelques rares qui voulurent bien s'intéresser à l'aventure de Michel, ce fut pour le honnir de toute la force de leur bonté.»

Le «que si» français, transcription littérale du *quod si* latin — moyen de relier logiquement deux phrases sans recourir à une particule de liaison — ne manque pas, en règle générale, de surprendre le lecteur non latiniste. (C'est pourquoi il est employé avec joie — et avec abus — parfois par de demi-savants.)

La phrase, simple et correcte, tient.

«les quelques rares qui voulurent bien s'inté-resser à l'aventure de Michel,»

«*les quelques rares...*» Oh! Oh! L'emploi d'un adjectif en tant que substantif — sauf exceptions consacrées par l'usage — est en principe une faute patente contre le génie de la langue. Rien de plus mauvais, en fait de style, que «l'aimante», «la vibrante» (cf. Raymonde Machard). On s'étonne donc un peu de voir un maître écrire tranquillement «les rares» et, encore plus, «les quelques rares», «quelques» n'ajoutant strictement rien, et les deux mots accolés étant d'un hideux jargon.

Quels peuvent être d'ailleurs ces «heureux rares» (pour employer le style de l'auteur) susceptibles de s'intéresser à une «aventure» qu'ils ne connaissent pas encore (puisque le livre ne fait que de paraître)?

Faut-il en conclure que *L'immoraliste* a d'abord été publié en revue (c'est probable) et a déjà eu son contingent de lecteurs? Ou que Gide en a déjà donné lecture dans quelques cénacles (c'est possible)? En tout cas, distinguons ici une pointe de «m'as-tu-luisme», sauf le respect dû à l'auteur.

> «ce fut pour le honnir de toute la force de leur bonté.»

*«les quelques rares...»* *«ce fut pour...»* Ébauche d'une véritable anacoluthe. Ou, pour mieux dire, écho de la fameuse construction «Le nez de Cléopâtre..., s'il eût été plus long...» qu'affectionnent, il faut le remarquer, les stylistes à la petite semaine. N'allons pas jusqu'à hasarder que Gide serait de ceux-là.

*«le honnir...* » Honnir paraît un tantinet exagéré.

L'auteur semble un peu trop assuré des réactions violentes que provoquent ses personnages dans l'esprit du lecteur, trop convaincu que celui-ci les suit avec passion. Il y a des lecteurs indifférents! Et puis, cette antithèse haine (honnir) — amour (bonté) a quelque chose de forcé. Enfin, dit-on «de toute la force de leur bonté» comme on dirait «de toute la force de leur coeur»? Toute cette fin de phrase a quelque chose d'assez pénible. Elle ne tourne pas absolument rond.

(Criticus, le style au microscope,
Paris, éditions Calmann-Lévy, 1949.)

Et, dans l'éloge, voici le commencement de l'analyse que fait Criticus d'une partie du premier paragraphe de *Tant que la terre durera*, d'Henri Troyat:

«Le cheval s'arrêta au sommet d'un tertre pelé. Michel Danoff leva la main en visière à ses yeux. Les rayons du soleil écorchaient violemment son visage. Devant lui, à perte de vue, s'étalait un pays d'herbe haute, où le vent animait de brusques remous de métal.»

*«Le cheval s'arrêta au sommet d'un tertre pelé.»*

Image, ou plutôt bref déroulement d'images cinématographiques. Nettes, précises. «Tertre pelé» nous avertit immédiatement que nous sommes loin des vertes prairies (ou mamelons *idem*) d'Île-de-France (ou même de France?). Peut-être quelque coin de notre Midi?

*«Michel Danoff leva la main en visière à ses yeux.»*

Ce «cheval» porte donc un cavalier. Ce cavalier a un nom slave. Nous sommes plus que probablement transportés dans l'empire des tsars (1888). «la main en visière»: la vision est d'une absolue justesse. Le raccourci «visière» (pour «de façon à faire visière») ne prête à aucune ambiguïté.

On peut seulement se demander si les mots «à ses yeux» sont bien nécessaires.

*«Les rayons du soleil écorchaient violemment son visage.»*

Eh bien oui, «à ses yeux» avait son utilité. C'est bien contre le «soleil» (non pas contre le vent, la poussière, etc.) que Michel Danoff s'abrite de la main.

*«écorchaient violemment»* peut paraître légèrement pléonastique... Je croirais, pour moi, que l'auteur introduit «violemment» surtout pour raison de cadence, spécialement pour ne pas accoucher si vite d'un bel alexandrin («Les rayons du soleil écorchaient son visage») qui jurerait avec le modernisme de sa description. Remarquez cette succession — depuis le début — de phrases courtes, cette absence de pronoms relatifs. Discontinuité... et pourtant enchaînement. Procédé cinématographique, répétons-le.

*«Devant lui, à perte de vue, s'étalait un pays d'herbe haute,»*

(pour «tapissé» ou «fait de...» comme on eût écrit dans l'ancien temps) est aussi une sorte de «comprimé heureux», tout comme «en visière».

L'auteur «part» pour huit cent cinquante pages... et il est ménager de ses syllabes.

*«où le vent animait de brusques remous de métal.»*

Encore un choix excellent. «Animait» est exactement le mot qui, étymologiquement, s'accorde avec «vent». Tout y est en une ligne: l'atmosphère («vent»), les puissants frissons de l'herbe haute («remous»), leur intermittence («brusques»), leur couleur («de métal»). À propos, un écrivain de 1900 n'eût peut-être pas osé écrire directement «de métal». Plutôt quelque chose comme «aux reflets métalliques», etc. C'est depuis Colette (et quelques autres) qu'on va plus loin; on feint de croire — comme un enfant, comme un poète — que les remous eux-mêmes sont «de métal». Hardiesse... mais non de décadence: elle est déjà fréquente chez Virgile.

(Criticus, le style au microscope,
Paris, éditions Calmann-Lévy, 1949.)

Il n'est évidemment pas à la portée de tout le monde de faire une analyse aussi minutieuse d'un texte qu'on a rédigé mais, sans aller aussi loin, on peut faire des constatations intéressantes. Par exemple, les mots superflus, les phrases qui n'ajoutent rien, apparaîtront forcément à leur auteur s'il examine son texte mot par mot, phrase par phrase. Et, pour cela, la lecture à haute voix est un excellent procédé car l'oreille peut saisir quelque chose qui échappait à l'œil. Flaubert, qui recommandait cette lecture à haute voix, pratiquait ce qu'il enseignait à son disciple Maupassant avec tant d'enthousiasme qu'il appelait la pièce qu'il consacrait à cet exercice son «gueuloir».

En passant son propre texte à la loupe, car c'est sans doute trop demander que d'utiliser un microscope, l'auteur doit avoir sans cesse à l'esprit deux questions: Est-ce vraiment nécessaire? Puis-je dire la même chose plus simplement, en moins de mots? Il approfondira la première question en se demandant quelle information apporte au lecteur la phrase qu'il examine. Et si la réponse ne lui apparaît pas immédiatement, il est probable qu'il vaut mieux couper cette phrase.

Reste un dernier danger à éviter: «surécrire». À force de polir, de repolir, de ciseler, de remplacer un mot juste mais peut-être banal par un mot rare et inattendu, on peut dépasser l'objectif. Le texte ne coule plus, le sens n'est plus apparent, un effort de compréhension est demandé au lecteur. Or, on est entraîné, chaque nouvelle correction incite à en faire une autre, et une expression qu'on avait écartée parce qu'elle n'était pas assez claire ou trop recherchée soudain ne détonne plus dans ce texte fignolé. D'un style un peu relâché mais facile à comprendre, on est passé imperceptiblement à quelque chose de serré, de noué et d'hermétique. Et ce texte qui était vivant soudain ne l'est plus. Lorsque cela se produit et qu'on en prend conscience — ou que votre comité de lecture vous le dit —, il faut faire marche arrière. Pour y arriver, le plus simple consiste à écarter les différentes versions de ce passage et à recommencer à neuf. Le résultat, le plus souvent, sera excellent, car l'écrivain retrouvera son style habituel qu'il avait peu à peu écarté à coup de ratures et de rajouts.

Finalement, que vous donniez la parole à un narrateur ou que, véritable Dieu, vous sachiez ce que pensent vos personnages importent peu, mais il faut choisir. L'auteur est l'un ou l'autre, il ne peut être les deux à la fois sans déconcerter le lecteur, à moins d'utiliser le procédé qui consiste à changer le caractère d'imprimerie quand le narrateur cède la place à l'auteur omniscient. Comme tous les procédés, il est à déconseiller aux débutants. Éviter les complications qui ne sont pas indispensables est une règle d'or.

# 8

# LE COUPLE
# AUTEUR-ÉDITEUR

En 1953, un manuscrit avait particulièrement attiré mon attention. Le jury du prix du Cercle du livre de France ne l'avait pas retenu pour la finale où d'ailleurs il n'aurait eu aucune chance puisque c'est *Poussière sur la ville*, d'André Langevin, qui gagna. J'avais écrit à l'auteur, Jean Vaillancourt, pour lui suggérer de retravailler son manuscrit qui, à mon avis, avait une chance sérieuse de remporter le prix l'année suivante si l'auteur considérait son texte comme un premier jet perfectible.

J'avais reçu par retour du courrier une lettre furieuse me traitant d'incompétent qui n'avait rien compris à son livre. Six mois plus tard, une nouvelle lettre me disait en substance: «J'ai relu mon manuscrit, c'est vous qui aviez raison. Je le retravaille dans le sens que vous indiquez.» Ce manuscrit, passé à la loupe par l'auteur, concourut à nouveau en 1954 et gagna haut la main le prix du Cercle du livre de France. Son livre, *Les Canadiens errants*, est, avec *Neuf jours de haine*, de Jean-Jules Richard, l'un des meilleurs récits de guerre de notre littérature québécoise. Il doit sa qualité et son succès au travail que l'auteur réussit à faire sur son manuscrit initial à la demande de son éditeur qui, en lui signalant ses faiblesses, en lui conseillant de le retravailler et en lui faisant quelques suggestions, faisait simplement son métier.

S'il est vrai que sans auteurs les éditeurs n'existeraient pas, la réciproque est tout aussi vraie: sans éditeurs, pas d'auteurs. Il me paraît donc essentiel de parler des relations qui doivent exister entre auteurs et éditeurs.

La diversité des écrivains et de leurs œuvres, que personne ne met en doute, devrait nous préparer à considérer la diversité des éditeurs qui, elle, n'est pas évidente, si l'on pense, après tout, qu'éditer c'est donner à un manuscrit une forme qui permet de le commercialiser. Publier c'est aussi, bien entendu, assurer le plus grand succès possible au livre. Et pourtant il est impossible de parler de l'édition comme si elle était un bloc monolithique. Il y a, en fait, de nombreuses sortes d'édition mais on peut les classer en deux catégories qui les englobent toutes: l'édition utilitaire et l'édition culturelle.

L'édition utilitaire concerne des ouvrages d'intérêt pratique: guides, annuaires, œuvres de vulgarisation, dictionnaires, encyclopédies et manuels scolaires. Elle est caractérisée par le fait qu'elle s'adresse à un large public, qu'elle est souvent conçue par un éditeur en fonction d'un marché, puis commandée à un auteur qui la rédige, et qu'elle vieillit rapidement. L'édition culturelle concerne des ouvrages littéraires, ce mot étant pris dans son sens le plus large, des ouvrages scientifiques et de recherche ainsi que des œuvres d'érudition. Elle est caractérisée par le fait qu'elle est toujours conçue par les auteurs eux-mêmes en fonction de leur génie propre et qu'elle vieillit lentement.

Enfin, l'édition utilitaire n'est valable que si elle dégage un profit. S'il y a recherche de qualité, c'est pour en assurer le succès commercial. L'édition culturelle, en revanche, ne se justifie que par sa qualité. Que l'ouvrage soit commercialement rentable est évidemment souhaitable, mais ce n'est pas indispensable et ça ne doit pas être l'objectif principal.

Il découle de tout cela que ce ne sont pas du tout les mêmes qualités qu'il faut à un chef d'entreprise pour être un bon éditeur culturel ou un bon éditeur utilitaire. Elles sont si différentes qu'on les trouve rarement chez un seul individu. Le grand éditeur culturel est celui qui sait reconnaître la valeur d'un manuscrit (ou d'un auteur), alors que le grand éditeur utilitaire est celui qui sait discerner un besoin du public, produire un livre correspondant à ce besoin, et qui le met en marché de la façon la plus efficace possible. Ce ne sont pas seulement des qualités différentes, ce sont presque des qualités opposées.

Le problème, car il y en a un, c'est que l'éditeur culturel doit être aussi un homme d'affaires et posséder des qualités qui appartiennent à l'éditeur utilitaire dès que le livre est publié. C'est en effet un bien qu'il faut essayer de vendre efficacement. Il ne faut pas chercher ailleurs la cause de l'«ingratitude» de certains auteurs qui, découverts et lancés par un éditeur culturel, s'empressent de le quitter quand ils sont célèbres pour rejoindre l'écurie d'un éditeur utilitaire. Ce dernier ne les aurait jamais publiés lorsqu'ils étaient débutants et inconnus, mais il ne demande pas mieux que de mettre sa puissante organisation au service d'un auteur connu car il y a de bonnes chances que l'opération soit profitable.

L'auteur débutant qui se demande à qui envoyer son manuscrit ne doit donc pas se contenter d'examiner le catalogue des maisons d'édition auxquelles il a pensé. Il lui faut se renseigner pour savoir si les auteurs prestigieux qui figurent à ce catalogue ne sont là que depuis qu'ils ont réussi ou s'ils ont été découverts et lancés par cet éditeur. Dans le premier cas, il ferait mieux de chercher ailleurs à moins que l'éditeur en question n'ait engagé un directeur de l'édition qui soit un véritable éditeur culturel. Lorsque cela se produit, c'est généralement dans une grande maison d'édition qui a plusieurs secteurs autonomes. Celui de l'édition littéraire est souvent bien géré parce qu'il rehausse l'image de l'entreprise auprès du public.

Avant toutefois de chercher un éditeur, il faut écrire le mot «fin» à la dernière page de son manuscrit, car c'est une œuvre terminée et non ébauchée qu'il faut lui présenter. Cela ne veut pas dire qu'elle ne doit pas être retravaillée et que ce manuscrit qu'on croyait terminé n'est en fait qu'un premier jet très différent de ce que sera finalement le livre publié. L'intervention de l'éditeur culturel peut en effet se révéler d'une importance capitale. Je me souviens qu'au début de ma carrière d'éditeur une jeune femme m'apporta le manuscrit d'un roman dont le personnage principal était une femme. Je compris très vite que celle-ci n'occupait une place prépondérante que parce que l'auteur s'était inspiré d'une parente à laquelle elle avait voué une solide rancune. En écrivant son roman, elle réglait ses comptes avec cette parente riche qui l'avait humiliée. Or, parmi les personnages secondaires du roman, il s'en trouvait un qui me fascina. Ce qui lui arrivait était passionnant et son état d'esprit était révélateur de ce qu'éprouvait à l'époque un jeune intellectuel québécois qui se croyait «né pour un petit pain».

Je parvins à persuader l'auteur que ma vision était la bonne. Elle retravailla son manuscrit, le centrant sur son personnage secondaire qui devint si important que le titre du roman fut changé et le personnage inspiré par la parente riche fut tellement gommé que cette dernière ne se rendit jamais compte qu'elle avait servi de modèle à l'auteur.

Le roman eut du succès et peut être considéré aujourd'hui comme un classique de notre littérature québéboise. Je suis persuadé que, dans sa première version, il aurait été très vite oublié sauf par la parente riche — elle ne l'est plus aujourd'hui — qui est connue et respectée et qui a même eu une carrière politique qu'elle n'aurait peut-être pas eue si elle avait traîné derrière elle le portrait féroce qui la ridiculisait.

J'avais eu beaucoup de mal à persuader l'auteur qu'elle faisait fausse route. Avec d'autres, parfois j'ai réussi et parfois j'ai échoué. C'est ainsi qu'un écrivain que j'estime, Claude Jasmin, m'a quitté lorsque j'ai refusé un manuscrit parce que, à mon avis, il passait à côté d'un grand livre. Il l'a publié ailleurs et son roman n'a pas eu le retentissement et l'influence qu'à mon avis il aurait pu avoir. Il abordait pourtant le premier au Québec les problèmes auxquels faisait face un couple homosexuel à cette époque. Mais ce que je lui demandais consistait à reprendre tout le roman. Il ne s'agissait pas de corrections ici et là, mais bien d'une nouvelle rédaction.

Quelques années plus tard, Claire Martin, qui avait remporté le prix du Cercle du livre de France avec un recueil de nouvelles, *Avec ou sans amour,* lesquelles sont parmi les meilleures de notre littérature, et dont j'avais déjà publié deux autres romans: *Doux amer* et *Quand j'aurai payé ton visage,* me dit qu'elle avait commencé son autobiographie. Comme elle l'avait fait pour tous ses livres, elle m'envoya les premiers chapitres pour connaître mon opinion. Ces 70 pages possédaient toutes les qualités qui font des ouvrages de Claire Martin un véritable régal, mais elles contenaient une scène qui, à mon avis, était manquée parce qu'elle passait à côté de quelque chose qui pouvait être très supérieur. Je lui ai dit: «C'est le récit de

Théramène.» Racine n'avait pas les moyens de montrer la mort d'Hippolyte. Il se contenta donc de la faire décrire par un témoin. Si vous dites: «Mon père était un monstre. Montrez-le nous en action.» Cela voulait dire qu'il fallait supprimer cette scène et en écrire une nouvelle. Convaincue que j'avais raison, Claire Martin, tout au long de son livre qui devint *Dans un gant de fer*, n'hésita pas à décrire la brutalité de ce père qui battait sa femme et ses enfants avec une férocité inhumaine. Ce fut un immense succès et c'est aujourd'hui un classique qui est étudié dans nos écoles.

Pour *Doux amer*, je lui avais écrit: «Le début de votre roman se trouve à la page 12. C'est par cela qu'il faut commencer. Vous placerez les premières pages actuelles ailleurs dans le cours du roman.» Ce qu'elle fit aussitôt.

Je n'ai jamais hésité à conseiller à un auteur de retravailler son manuscrit, même si cela voulait dire l'écrire à nouveau de la première à la dernière ligne, parce que c'est quelque chose que j'ai fait moi-même.

Après des mois de travail, j'avais tracé le mot «fin» à la dernière page de *55 heures de guerre*. J'étais prisonnier de guerre dans un camp d'officiers à l'est de l'Allemagne, tout près de la frontière polonaise, et je m'étais lié d'amitié avec un colonel qui avait écrit une pièce de théâtre pour notre troupe. Il m'avait confié le rôle principal et ses interventions pendant les répétitions étaient toujours intelligentes. J'avais confiance en son jugement. Avant d'envoyer mon manuscrit à ma mère qui s'était fait des relations dans l'édition, ayant traduit et fait publier une dizaine de romans policiers et deux ou trois autres ouvrages, j'ai voulu savoir ce qu'en penserait ce colonel. Il le trouva très bon, me fit de grands compliments mais ajouta: «Je n'ai qu'un regret, c'est que vous ayez raconté tout cela au passé. Ce serait encore meilleur si vous aviez employé le présent.» J'avais employé le passé parce que ce que je décrivais en 1941 je l'avais vécu en juin 1940. Mais j'avais tellement travaillé ce texte — le début à lui seul qui prend cinq pages du livre m'avait vu noircir près de 300 feuilles de papier — que je n'allais pas reculer devant la perspective de tout refaire. Je voulus en avoir le cœur net. Je pris un épisode au hasard et je le rédigeai au présent. Je dormis dessus sans relire ce que j'avais fait et, le lendemain matin, j'en pris connaissance. Le colonel avait raison. C'était plus percutant, donc plus vrai. Je n'ai pas hésité, j'ai tout récrit de la première à la dernière ligne, ce qui a retardé d'un mois environ l'envoi du manuscrit que d'ailleurs la censure allemande caviarda. Le manuscrit put enfin partir. Ma mère le remit à l'un de mes oncles qui était l'architecte de Flammarion. *55 heures de guerre* fut publié, reçut de très bonnes critiques, les 28 000 exemplaires imprimés furent tous vendus et il reçut le prix Cazes qui, à l'époque, était le plus important des prix littéraires après les trois grands: Goncourt, Fémina et Renaudot.

Je suis persuadé que, sans ce travail de dernière heure suggéré par le colonel Brézard, il n'aurait pas eu un tel succès.

Un éditeur culturel peut avoir une influence importante sur la conception d'un ouvrage, comme il peut en avoir une sur le contenu, la construction et la forme. Mais, à cela, il y a une condition indispensable. Il lui faut avoir la confiance, l'estime et même l'amitié de l'auteur. Si ce lien affectif n'existe pas, les conseils seront perçus par l'auteur comme des critiques plus ou moins perfides et les coupures suggérées comme des amputations. C'est ainsi que, lorsque N.A.L. a acheté la traduction anglaise des *Lilas fleurissent à Varsovie*, je suis allé à New York avec Alice Parizeau rencontrer la personne qui avait été chargée de réviser cette traduction. Le traducteur était anglais. Il avait été tellement emballé par ce beau roman qu'il avait pris le risque de le traduire sans savoir si sa traduction serait jamais publiée. On sait que les Anglais et les Américains ne parlent pas tout à fait la même langue. Il fallait donc américaniser ce texte. Mais la jeune femme qui fut chargée de ce travail n'essaya pas vraiment d'établir un lien affectif avec Alice Parizeau. D'abord, elle ne parlait pas français, ensuite elle était jeune et n'avait pas encore beaucoup d'expérience; enfin, Alice habitait Montréal, et elle, New York. Ajoutons à cela que ses patrons lui avaient probablement dit qu'il serait bon de faire des coupures. De toute façon, elle ne se contenta pas de changer quelques mots ou quelques tournures de phrases, elle effectua de profondes coupures qui firent disparaître une centaine de pages (tout ce qu'elle considérait comme des précisions inutiles pour un public peu soucieux de l'authenticité des faits racontés par l'auteur).

Or, pour Alice Parizeau, son roman était avant tout l'histoire de sa Pologne natale et tout ce qui mettait en lumière l'authenticité des faits qu'elle racontait avait pour elle une importance primordiale. Elle résista donc aux suggestions et très vite une situation de conflit se présenta. Au lieu de se montrer conciliante et diplomate, la jeune éditrice se raidit et je dus intervenir. Les coupures demandées, je devrais dire exigées, ne nuisaient pas vraiment à la trame romanesque, elles ne touchaient que le côté historique. J'aurais préféré des compromis qui auraient sauvé une trentaine de pages sur les cent dont on exigeait la disparition, mais le temps des négociations était passé. Il fallait céder ou rompre. Ce qui décida Alice, bien plus que mes arguments, fut la pensée que, si nous rompions, le traducteur aurait fait tout ce travail pour rien.

Elle ne put s'y résoudre. Elle céda donc, mais demeura persuadée que ce sont ces coupures qui privèrent son livre du succès, aux États-Unis, qu'elle était en droit d'espérer.

Le couple auteur-éditeur ne sera efficace que s'il s'établit un climat de confiance et de respect mutuel entre les deux partenaires. Lorsque la maison d'édition est dirigée par un éditeur culturel, c'est généralement l'éditeur lui-même qui s'occupe des auteurs, qui leur parle au téléphone et qui les reçoit. Lorsque l'éditeur est d'abord un homme d'affaires, il a forcément à côté de lui un collaborateur qui joue ce rôle essentiel. Par conséquent, l'auteur qui se fait éconduire par les secrétaires et ne parvient pas à parler à son interlocuteur naturel devrait comprendre très vite qu'il aurait intérêt à changer d'éditeur car, ou bien il est perçu comme un emmerdeur qui fait perdre leur temps à ses interlocuteurs, ou bien l'entreprise est mal dirigée.

Lorsqu'on soumet un manuscrit à un éditeur. il est très important de s'assurer que ledit manuscrit est d'une lecture facile. N'utilisez pas une mise en page compliquée, des caractères inusités, trop gros ou trop petits, et surtout pas de ratures, de renvois ou de rajouts qui demanderaient un effort particulier au lecteur. Il y a quelques années, avant l'avènement de l'ordinateur et du traitement de texte qui permettent de corriger sans ratures, il n'était pas rare de faire face à des manuscrits difficiles et même impossibles à lire normalement. C'est ainsi que j'ai raté Réjean Ducharme qui m'avait envoyé le manuscrit de l'*Océantume.* Il était pratiquement illisible. Tapé à la machine à simple interligne, sur un papier jaune, il comportait d'innombrables ratures et, pour compliquer encore les choses, les mots en fin de ligne étaient coupés n'importe comment. J'ai abandonné la lecture de ce manuscrit au bout de quelques pages et l'ai retourné à son auteur avec une courte lettre qui, dans mon esprit, ne constituait pas un rejet de l'oeuvre puisque je ne l'avais pas lue, mais que Réjean Ducharme interpréta comme un refus.

Par ailleurs, il ne faut jamais se laisser persuader de publier à compte d'auteur. C'est à l'éditeur qu'il appartient de prendre des risques et non à l'auteur. Une maison d'édition professionnelle ne publie pas à compte d'auteur. Si un manuscrit ne trouve pas preneur, il ne faut pas se faire d'illusions: il y a 999 chances sur 1000 que ledit manuscrit ne soit pas publiable. Et ce n'est pas parce que Marcel Proust et André Gide, tous deux fort riches à leurs débuts, ont fait publier à compte d'auteur leurs premiers essais qu'il faut y voir un précédent et un modèle à suivre. Je sais qu'au Québec plusieurs écrivains ont suivi cette voie. Aucun, je crois, ne s'en est félicité.

Il ne faut pas chercher à justifier le compte d'auteur en s'imaginant que des manuscrits de qualité n'ont pas trouvé d'éditeur. On fait grand cas de livres à succès qui furent refusés par de nombreux éditeurs, comme *Autant en emporte le vent* qui fut, paraît-il, refusé par 17 éditeurs avant de trouver preneur et dont la traduction française dormit pendant des mois chez Hachette avant d'être reprise par Gallimard. On ne peut expliquer un pareil aveuglement qu'en citant un proverbe: «C'est l'exception qui confirme la règle.»

De telles exceptions ne se produisent d'ailleurs pas au Québec où la politique de subventions aux éditeurs, tant au fédéral qu'au provincial, rend pratiquement impossible de pareilles erreurs. En effet, sans le supprimer, elle limite tellement le risque commercial, que le refus d'éditer, motivé par la conviction que la vente serait insuffisante pour couvrir les frais, n'a plus sa raison d'être.

Si votre manuscrit a plu à votre comité de lecture, il doit avoir des qualités. Par conséquent, vous pouvez

essayer de savoir pourquoi il a été refusé. Certains éditeurs, lorsqu'on le leur demande, acceptent de vous
en donner les raisons. S'ils ne le font pas, c'est
presque toujours parce que leur jugement est tellement sévère qu'il ne laisserait aucun espoir à l'auteur
prêt à retravailler son manuscrit. Par conséquent, si
l'éditeur se dérobe en disant que c'est contraire à la
politique de sa maison de communiquer à l'auteur les
raisons du refus, n'insistez pas. Pourquoi vous dirait-il:
«Votre manuscrit a été refusé parce que vous n'avez
aucun talent.» En revanche, il ne devrait pas hésiter
à vous dire: «Dénouement peu croyable», ou même
«Sujet maintes fois traité», ou encore: «Le livre
n'intéressera qu'un public restreint.»

La sincérité est évidemment souhaitable, mais il
est humain pour l'éditeur de s'en écarter lorsqu'elle
est blessante.

# 9

# LE CONTRAT D'ÉDITION

L a quasi-totalité des auteurs qui envoient leur premier roman à un éditeur n'ont jamais vu un contrat d'édition. Quand ils le reçoivent par la poste, c'est-à-dire sans les explications qui leur seraient données s'il leur était remis au cours d'une entrevue, ou bien ils ont tendance à signer sans même lire ce contrat qui va les lier, pour longtemps peut-être, à un éditeur qu'ils connaissent à peine, ou bien, méfiants, ils sollicitent l'avis d'un avocat qui, n'étant pas spécialiste du droit d'auteur, va suggérer des clauses totalement inacceptables. Dans un cas comme dans l'autre, les conséquences peuvent être graves.

Voici donc quelques indications et quelques conseils qui pourront vous aider à voir plus clair et à éviter des faux pas.

Un contrat d'édition comporte des clauses secondaires qui peuvent être modifiées au gré des parties, comme le nombre d'exemplaires remis gratuitement à l'auteur, la durée prévue pour la correction des épreuves ou l'importance du premier tirage, et quelques clauses fondamentales figées par l'expérience et la tradition et qui, par conséquent, ne sont pas négociables si l'éditeur est un professionnel qui connaît son métier. Soulignons-les:

**Cession ou licence**

Il y a deux façons d'accorder des droits à un éditeur: on peut les lui céder à certaines conditions et, dans ce cas, il faut bien penser à tout ce qui doit provoquer la rétrocession; ou bien on peut lui donner la licence d'exercer certains droits pendant une certaine période après quoi, la licence terminée, l'exercice de ces droits retourne à l'auteur. Si l'on prévoit bien tous les cas de rétrocession, je crois que la cession est préférable, et même je me méfierais d'un éditeur qui se contenterait d'une licence. Ayant des droits et des pouvoirs affaiblis, il aura aussi des devoirs moins contraignants et des responsabilités moindres. Il visera une exploitation immédiate et n'aura aucun intérêt à assurer la longévité de l'œuvre qui lui échappera à une date fixée à l'avance. Il ne s'occupera pas d'édition dans d'autres pays ou de traductions, puisque les éditeurs étrangers avec lesquels il devra négocier voudront des cessions de droits et qu'il ne pourra les céder puisqu'il ne les possède pas. Il ne pourra pas poursuivre en justice les contrefacteurs, car seul le détenteur du droit d'auteur peut le faire. En tant que cessionnaire, non seulement il le pourrait mais il aurait le devoir de le faire.

**L'étendue de la cession**

À moins que l'auteur n'ait des raisons sérieuses de penser qu'il est mieux placé que son éditeur pour intéresser un éditeur étranger, il n'a aucun intérêt à limiter dans l'espace les droits qu'il cède à l'éditeur. Par conséquent, «en toutes langues et en tous pays» n'a aucune raison de l'inquiéter.

En ce qui concerne les droits annexes, c'est-à-dire en particulier les droits de traduction, d'adaptation cinématographique, télévisuelle, théâtrale, etc., là encore, à moins que l'auteur ne soit mieux placé que l'éditeur pour s'en occuper — il travaille par exemple dans un de ces domaines —, il n'a aucun intérêt à s'occuper lui-même d'exploiter ces droits.

**Les royautés**

Ce n'est pas par hasard si, dans tous les pays, pour les ouvrages de littérature générale, le montant des royautés est, sauf de rarissimes exceptions, fixé à 10% du prix de catalogue de chaque exemplaire vendu. Il correspond à la répartition de chaque dollar payé par le client dans n'importe quelle librairie:

| | |
|---|---|
| Libraire: | 0,40 $ |
| Distributeur: | 0,15 $ |
| Imprimeur: | 0,20 $ à 0,25 $ |
| Éditeur: | 0,15 $ à 0,10 $ |
| Auteur: | 0,10 $. |
| Total: | 1,00 $ |

La seule variable, c'est la facture de l'imprimeur, au maximum pour un premier tirage, au minimum lors de réimpressions. C'est d'ailleurs la raison pour laquelle des auteurs connus obtiennent des royautés de 12% à 15% lorsque les ventes dépassent 10 000 exemplaires car, à ce moment-là, le livre a été l'objet d'une réimpression.

L'exception — qui confirme la règle — c'était le cas de Delly, pseudonyme qui cachait un frère et une sœur, dont chaque nouveau livre entraînait un tirage initial de 100 000 exemplaires. Ils recevaient des droits de 20%, mais la facture de l'imprimeur tombait en dessous de 10% et l'éditeur ne prenait aucun risque puisque tous les titres de Delly ont largement dépassé le demi-million d'exemplaires. Il est probable qu'un Stephen King aux États-Unis jouit d'un privilège semblable puisque, dit-on, un nouveau livre de cet auteur est tiré, en format de poche, à 500 000 exemplaires. À ce niveau, tout ce que coûte un livre en dehors du prix du papier, étalé sur 500 000 exemplaires, est presque négligeable. En effet, le travail éditorial, la composition, la mise en pages, la préparation des presses et, en général, tous les coûts qui précèdent le tirage ne s'élèvent qu'à quelques milliers de dollars, donc ne représentent que quelques cents par exemplaire imprimé.

### Le droit de préférence

Cette clause qui oblige l'auteur à offrir à l'éditeur le ou les ouvrages qu'il écrira après celui qui fait l'objet du contrat d'édition est souvent attaquée par les associations d'auteurs, car elles y voient une sorte d'esclavage. Les éditeurs y tiennent parce qu'ils ne veulent pas qu'un écrivain qu'ils ont fait connaître en publiant son premier livre puisse aller chez un concurrent qui profitera, sans aucun effort de sa part, de la notoriété acquise grâce à la publication du précédent ouvrage de l'auteur.

C'est un souci légitime qui peut amener un éditeur à renoncer à publier le livre d'un auteur inconnu, si celui-ci ne veut pas lui accorder le droit de préférence.

Aussi, ce n'est pas le principe qu'il faut discuter, mais ses modalités d'application.

Droit de préférence, d'accord, mais à la condition de le limiter aux ouvrages de même nature, en nombre — les deux suivants par exemple — ou dans le temps, cinq ans par exemple. Il serait en effet difficile de croire qu'un deuxième ouvrage, publié à plus de cinq ans d'intervalle, profiterait réellement du succès remporté par le premier.

Enfin, il faut insister pour que la clause échappatoire, c'est-à-dire qu'après deux refus par l'éditeur l'auteur est libre, ne soit jamais oubliée.

# 10

# SUCCÈS OU ÉCHEC

E n conclusion, abordons un sujet qui passionne à juste titre les écrivains: qu'est-ce qui fait vendre un livre?

Sa qualité? Sans aucun doute, mais n'oublions pas que la chance et la malchance jouent aussi un rôle.

Les livres, comme tout ce qui vit, ont ou non de la chance. La malchance de la version anglaise des *Lilas fleurissent à Varsovie* fut la parution, quelques semaines plus tôt, de *Poland*, de Michener. Ceux qui décident du succès d'un livre aux États-Unis, c'est-à-dire ceux qui font la recension des livres dans le «Book section» du *New York Times*, décidèrent en effet qu'un autre livre sur la Pologne était de trop; ils l'écartèrent donc. L'éditeur américain, N.A.L., est spécialisé dans la distribution à grande échelle des ouvrages en format de poche. Ce qui l'intéresse, ce sont les gros tirages. Or, un livre qui n'est pas recensé dans le *New York Times*, ce qui est le sort de 90% des titres qui paraissent puisque, bon an

mal an, on ne recense que 3000 des 30 000 titres qui
sont publiés chaque année, n'a pratiquement aucune
chance de se vendre à plusieurs centaines de milliers
d'exemplaires. N.A.L. avait fait imprimer 15 000 exemplaires reliés et 45 000 exemplaires en format de
poche. Dès que la décision du *New York Times* de ne pas
recenser *Les lilas fleurissent à Varsovie* fut connue, N.A.L.
annula la publicité. Les invendus furent pilonnés ou sol-
dés et le titre retiré du catalogue. L'option sur la suite
des *Lilas fleurissent à Varsovie*, *La charge des sangliers*,
tomba et, de cette aventure, il ne resta que les 20 000 $
versés à la signature du contrat qui permirent de donner
au traducteur ce que le Conseil des Arts du Canada lui
aurait versé, si N.A.L. avait été un éditeur canadien. Le
programme d'aide à la traduction ne s'applique en effet
qu'aux ouvrages d'auteurs canadiens, traduits par un
traducteur canadien et publiés par un éditeur canadien.

Cette aventure de la traduction anglaise des *Lilas
fleurissent à Varsovie* n'a pas empêché ce beau roman
de connaître un immense succès dans sa version originale française et là, il eut de la chance. Alice Parizeau
racontait l'histoire de la Pologne depuis la fin de la
Seconde Guerre mondiale au moment où les journaux
nous tenaient quotidiennement au courant de l'extraordinaire épopée de Lech Walesa et de son mouvement
«Solidarité». Il n'est pas douteux que cela l'ait servie
ici. Par contre, en France, cette histoire anti commu-
niste fit peur aux éditeurs français qui ne tenaient pas
à se faire des ennemis dans cette intelligentsia qui ne
se doutait pas qu'elle allait virer du rouge au rose
quelques années plus tard.

D'autres facteurs, en plus de la chance, interviennent dans le succès d'un livre: la notoriété de l'auteur, par exemple. Plus il est connu en effet et plus on parle de son livre au moment de sa publication.

Une bonne critique fait-elle vendre? Pas forcément ou, tout au moins, pas directement car il y a des éreintements qui font vendre et des louanges qui laissent le public indifférent.

Un facteur indispensable au succès d'un livre, c'est la promotion, c'est-à-dire les prestations de l'auteur à la télévision, à la radio, les séances de signature, sa participation à des manifestations ou à des galas. Ce sont assurément des moyens efficaces d'attirer l'attention du public et de lui donner envie de lire un livre qui semble intéresser un grand nombre de gens.

Que faut-il penser de la publicité? Là, il faut distinguer. Une annonce, aussi bien faite soit-elle, ne fera vendre un livre que si l'auteur est connu, soit par ses œuvres précédentes, soit par sa participation à la promotion du livre. Si l'auteur est inconnu, l'annonce ne laissera aucune trace dans l'esprit de ceux qui la verront. Un effort publicitaire est donc tout indiqué quand un livre se vend, alors que la publicité tombe dans le vide lorsqu'il ne se vend pas.

Cela a l'air d'un paradoxe et pourtant la raison en est simple: quand la publicité rappelle à quelqu'un ce qu'on lui a dit d'un livre — le fameux «bouche à oreille» —, elle peut l'amener à acheter de la même façon que la présence d'un livre dans la vitrine d'un libraire est une incitation à la vente. Le passant qui aperçoit l'ouvrage en vitrine se souvient de l'article élogieux qu'il a lu, ou de ce qu'un ami lui en a dit. Il entre et achète le livre.

Beaucoup d'auteurs d'un ouvrage qui s'est mal vendu ont tendance à penser que cet échec est dû surtout au petit nombre d'annonces que son éditeur a fait paraître. En fait, il n'y a aucun lien de cause à effet entre la publicité et la vente, si d'autres facteurs n'interviennent pas.

Au début de ma carrière d'éditeur, j'ai fait des expériences. Après m'être entendu avec l'unique libraire d'une localité pour qu'il ait en stock un livre qui venait de paraître d'un auteur inconnu, j'ai fait passer des annonces dans le journal local. Le résultat fut d'une clarté éblouissante. Lorsque ces annonces qui coûtaient généralement environ 200 $ n'étaient accompagnées d'aucune promotion, telle qu'une séance de signature ou une visite de l'auteur au stand de l'éditeur lors d'un salon du livre, elles ne produisaient même pas 20 $ de vente.

Affirmer qu'un bon livre se vendra toujours, c'est faire preuve d'optimisme. D'abord, il y a la chance, ou la malchance, qui fait souvent passer inaperçu, au moment de sa parution, un livre qui aurait dû attirer l'attention. Un des plus beaux exemples que l'on puisse citer, c'est *Vol de nuit*, le premier livre de Saint-Exupéry, dont le premier tirage de 3000 exemplaires mit deux ans à s'écouler et qui, trois ans plus tard, démarra si vite qu'il devint un best-seller et que les tirages successifs dépassèrent le million d'exemplaires.

Pour un livre ignoré lors de sa parution et qui, 10 ou 20 ans plus tard, est réédité et connaît alors une carrière digne de sa qualité, il y en a 10 qui tombent dans l'oubli et ne sont jamais réédités. L'auteur, en effet, découragé par cet échec renonce souvent à écrire et demeure l'auteur oublié d'un seul livre. S'il surmonte son découragement et continue à publier, il obtiendra facilement, lorsqu'il sera connu, que son premier livre soit réédité. La persévérance, dans ce cas, finit par être récompensée.

Finalement, les mythes ayant la vie dure, rappelons-nous la plaisanterie amère et désabusée d'un des grands éditeurs français de ce siècle, Bernard Grasset: «Si un livre se vend, c'est parce que l'auteur a du talent; s'il ne se vend pas, c'est que l'éditeur n'a pas fait son travail.»

# TABLE DES MATIÈRES